Gute Kindheit?

Vorstellungen, Entwürfe, Lebensweisen gelingender Kindheit im historischen Wandel

VERGANGENHEITSVERLAG

Jutta Buchner-Fuhs /
Burkhard Fuhs

Gute Kindheit?

Vorstellungen, Entwürfe, Lebensweisen gelingender Kindheit im historischen Wandel

VERGANGENHEITS
VERLAG

Bibliografische Informationen der Deutschen Nationalbibliothek
Die Deutsche Nationalbibliothek verzeichnet diese
Publikation in der Deutschen Nationalbibliografie;
detaillierte bibliografische Daten sind im Internet über
http://dnb.d-nb.de abrufbar.

ISBN: 978-3-86408-002-9 (Print) //
978-3-86408-045-6 (epub) //
978-3-86408-046-3 (pdf)

Korrektorat: Alexander Schug

Grafisches Gesamtkonzept, Titelgestaltung, Satz und
Layout: Stefan Berndt – www.fototypo.de

www.vergangenheitsverlag.de

Impressum

Inhalt

»Außerhalb der kleinen, kleinen Stadt lag ein alter verwahrloster Garten.
In dem Garten stand ein altes Haus, und in dem Haus wohnte Pippi Langstrumpf.
Sie war neun Jahre alt, und sie wohnte ganz allein da.
Sie hatte keine Mutter und keinen Vater, und eigentlich war das sehr schön,
denn so war niemand da, der ihr sagen konnte, dass sie zu Bett gehen sollte,
gerade wenn sie mitten im schönsten Spiel war,
und niemand, der sie zwingen konnte, Lebertran zu nehmen,
wenn sie lieber Bonbons essen wollte.«

Astrid Lindgren 1945

Vorwort

Was ist eine gute Kindheit, und warum ist sie so vielen Menschen wichtig? Kindheit ist gewiss die Grundlage einer jeden Gesellschaft. Die Sehnsucht nach einer guten Kindheit ist immer auch eine Sehnsucht nach dem eigenen guten Leben und nach biografischen Wurzeln voller Glück, die durch das ganze Leben tragen. Unsere Kindheit in ihren positiven und schlechten Erfahrungen prägt unser Leben mehr als wir oft wissen oder zugeben möchten und sie beeinflusst uns auch, wenn wir uns dessen nicht bewusst sind. Glückliche Menschen, so eine Überzeugung heutiger Wohlstands-Kulturen, beginnen in einer guten Kindheit.

Viele Probleme der Moderne (Medienkonsum, Leistungsorientierung, Individualismus und Wertebeliebigkeit) werden diskutiert, indem öffentlich über Kindheit nachgedacht wird. Der Blick auf Kinder, die Kritik zum Beispiel an der heutigen Medienkindheit, die auch den Wunsch nach einer guten Kindheit impliziert, ist in politischen oder sozialen Diskursen nicht selten mit der Forderung nach einer menschlicheren Welt verbunden.

Die Frage nach der guten Kindheit weist auch in die Zukunft. Eine Veränderung von Gesellschaft, eine Verbesserung der Zustände, ist in der Geschichte des Abendlandes eng mit Kindheit verbunden. Das Weihnachtsfest als christliche Botschaft an der Krippe eines Neugeborenen zeugt davon. Die Kinder sind unsere Zukunft, so ein gängiger Topos, der sich auch in vielen öffentlichen Reden und Ansprachen findet. Eine gute Kindheit scheint auch hier die Grundlage, die sich mit Hoffnungen auf eine gute Zukunft verbinden lässt.

Eine gute Kindheit ist aber auch ein Ziel für die Gegenwart heutiger Familien. Viele Mütter und Väter wünschen sich ein glückliches Zusammenleben mit ihren Kindern. Ein Kind zu bekommen und es aufzuziehen ist heute für viele ein Projekt des eigenen Glücks. Mit Kindern zu leben, auch wenn es vieler Anstrengungen und Mühen bedarf, das ist ein besonderes Glück, sagen viele stolze Eltern. Viele haben Erinnerungen an ihre Kindheit und Vorstellungen davon, was ein Kind ist, soll und kann. Jede Kultur ist damit konfrontiert, dass ihre Mitglieder als Kinder geboren werden und erst all das lernen müssen, was die Kultur ausmacht. Die Frage nach der guten Kindheit ist also eine Frage, die tief in die heutige Kultur hineinragt: wie wurden wir, was wir sind, wie gestalten wir die Zukunft und wie leben wir die Gegenwart?

Welche Formen von Kindheit gab und gibt es, was gilt als »gute Kindheit«, und warum werden Kinder auf diese oder jene Weise erzogen und nicht anders? Vielfältigste Formen, Vorstellungen, Traditionen sowie Entwürfe und Deutungen von Kindheit sind historisch, sozial und kulturell vorhanden; schaut man genauer hin, wird das scheinbare alltägliche und fast banale Thema »Kindheit« zu einem unübersichtlichen Gebiet, auf dem man schnell die Orientierung verliert. Kindheit ist ein anthropologisches Thema; Kindheit gab es zu jeder Zeit und in jeder Region, wo Menschen mehr als eine Generation lang lebten. Und trotz dieser Allgegenwärtigkeit der Kinder und ihres Heranwachsens ist vieles an der Kindheit unklar.

Der vorliegende Band möchte an ausgewählten Beispielen und Themengebieten einen Einblick in die Kulturgeschichte der Kindheit geben und Zugänge ermöglichen, die aus unterschiedlichen Blickwinkeln zu einem Verständnis von historisch gewordener und aktueller Kindheit führen sollen. Die gute Kindheit eröffnet ein neues Themengebiet, das – bisher weitgehend unerforscht – eine generationale Dimension aufweist. Es sind die Erwachsenen, die über Kindheit nachdenken und sie bewerten. Entlang der Vorstellungen von einer guten Kindheit werden wir einige Ausflüge in die Geschichte der Kindheit unternehmen. Der Band ist mit Bedacht kein Nachschlagewerk, vielmehr möchten wir Anregungen geben, über die

Geschichte der Kindheit nachzudenken und die Werte und Normen, die wir häufig wie selbstverständlich durch den Alltag und in das Leben der Kinder tragen, zu diskutieren. Wir wollen einige Türen öffnen und unterschiedliche Perspektiven auf Kindheit so erschließen, dass die Vielfalt, die Heterogenität aber auch die Widersprüche, die mit Kindheit verbunden sind, sichtbar werden.

Nach einer Einführung werden wir Züge der historischen Entwicklung von Kindheit mit der Frage nachzeichnen, wie die von sozialen und kulturellen Unterschieden geprägten Kindheiten erlebt und gedeutet wurden. Wo und wie finden sich Hinweise für eine gute Kindheit, wie lassen sich hier Schilderungen verorten, die von Armut oder auch von großem materiellem Reichtum in den Kinderjahren handeln? Ein kurzer Blick auf Gefährdungen schließt sich an. Das Kinderleben um 1900 wird – auch im Hinblick auf theoretische Überlegungen zur Straßenkindheit – ausführlicher behandelt. Erzählerinnen und Erzähler kommen zu Wort. Ein Kapitel, das einen weiten Bogen bis hin zu aktuellen Diskussionen um Kindheit und Medien spannt, widmet sich dem Thema Krieg. Auf eine strenge Chronologie wird bewusst verzichtet. Erinnerungen an Kindheit der 1950er- und 1960er-Jahre aus West- und Ostdeutschland sind im Weiteren mit Überlegungen nicht nur zu getrennten, sondern auch zu geteilten Kindheitserfahrungen verbunden. Weitere Stationen des Bandes sind Erziehungsaufbrüche im späten 20. Jahrhundert und ein Kapitel, das den sexuellen Missbrauch als eine der zentralen, aber versteckten Bedrohungen von guter Kindheit behandelt. Abschließend werden aktuelle Medienkindheiten diskutiert und Erziehungsratgeber zu Rate gezogen, die leichte Lösungen für schwierige Probleme versprechen. Ganz zum Schluss steht die Frage, die sich wie ein roter Faden durch das gesamte Buch zieht: Was ist eigentlich eine »gute Kindheit«? Zunächst aber wird ein kleiner Streifzug, der auch literarische Quellen berücksichtigt, durch unterschiedliche Kindheiten unternommen.

Die »gute Kindheit« – eine Annäherung

Vielen erwachsenen Menschen ist die Kindheit ein besonderer Lebensabschnitt, an den sie sich gerne erinnern. Die »gute Kindheit«, oftmals ästhetisiert und als schön bezeichnet, als ein vergangener Raum voller Glück, Abenteuer, Sehnsucht und Entdeckungen, ein Ort voller Liebe und Geborgenheit, zieht sich durch zahlreiche autobiografische Erinnerungen und Kindheitsgeschichten. »O die glückliche, glückliche, unwiederbringliche Kinderzeit!«, schreibt Leo N. Tolstoi Mitte des 19. Jahrhunderts. »Wie soll man die Erinnerungen an sie nicht lieben, nicht sorgsam hegen! Diese Erinnerungen erfrischen und heben meine Seele und sind für mich ein Quell höchster Freude.«[2] Vielfach ist diese schöne Kindheit in den Erinnerungen dann am schönsten, wenn die Erzählerinnen und Erzähler tief in eine Spiel-

und Fantasiewelt eintauchen konnten, eine Welt, die auch deshalb so angenehm war, weil die Erwachsenen mit ihrer Alltagshärte, mit ihren Verboten und Forderungen, ihren Strafen und Ermahnungen keinen Zugang zu dieser oftmals geheimen Kinderwelt hatten.

Dass die starke, mutige, gewitzte und begüterte Pippi Lotta Viktualia Rollgardina Pfefferminz Efraimstochter Langstrumpf eine Waise ist, daran lässt Astrid Lindgren keinen Zweifel. Pippi, die sich alleine versorgen muss, die die elterliche Liebe nicht erfahren kann, böte eigentlich ein prägnantes Beispiel für eine schwierige und belastete Kindheit. Aber die Kinderzeit von Pippi erscheint in den Erzählungen bunt, leicht und oftmals unbeschwert. Kein Zweifel, Pippi erlebt eine glückliche Kindheit, nicht zuletzt weil sie sich erfolgreich gegen die Eingriffe der Erwachsenen zu wehren weiß. Die schöne und glückliche Kindheit ist in literarischen und autobiografischen Erinnerungen ein zentrales Thema. Die schönsten Momente im Leben der Kinder werden meist nicht in der Schule oder in den Räumen der Familien, sondern in Feldern und Wäldern, in versteckten Ecken der Städte und Dörfer, beim Spielen mit den Freunden oder dem Lesen eines spannenden Buches erfahren. »Ein Trieb zum Streunen, der mich halbe Tage unauffindbar machte, ängstigte meine Mutter sehr«[3], schreibt der 1878 geborene Hans Carossa in seinen Erinnerungen mit Bezug auf die verzauberten Kinderwelten abseits der Welt der Erwachsenen. Erwachsene erinnern sich mit einem besonderen Interesse an ihre eigene Kindheit; sie suchen, so formuliert es Ernst Bloch, etwas, das allen

Erwachsenen zu fehlen scheint; im Erinnern an die eigenen Kindertage »entsteht in der Welt etwas, das allen in die Kindheit scheint und worin noch niemand war: Heimat«.[4] Kindheit, Heimat, Erwachsenenwelten und kindliche Fantasiewelten vermengen sich und bestimmen in ihrem Verhältnis zueinander, ob eine Kindheit gelingt und als gut oder schlecht bezeichnet werden kann. Heimat, verstanden als Suche nach Gefühlen, die mit der Kindheit verbunden waren, gibt der Kinderzeit einen Bedeutungsrahmen, über den es nachzudenken lohnt. Der Wunsch nach Heimat, der in globalisierten und hoch mobilen Lebenswelten zunehmend obsolet erscheint, erhält im Kontext von Kindheit eine sinnliche Bedeutung. Heimat kann schmecken und riechen nach Kindheit; Kindheit wiederum hat sich in die Wahrnehmung von Landschaft und von städtischen Welten eingeschrieben und mutiert zur Heimat. Auch Geräusche und taktile Erinnerungen können sich mit Kindheit und Heimat verbinden. Draußen zu spielen, das gehört zu den Kindheitserfahrungen, die meist gerne erinnert werden. Es stellen sich viele Fragen, die im Weiteren etwa mit lebensgeschichtlichen Erinnerungen nochmals aufgegriffen werden.

Disziplinierung der Kinder als Erziehungsvorstellung

Der romantischen Kindheit, wie sie sich in Erinnerungen des 19. und 20. Jahrhunderts findet, mit ihrem Zauber, den langen Sommern und schneereichen Win-

Entdecken und Träumen in der Natur

tern, eine glückliche, beschützte Idealwelt erwachsener Sehnsüchte, stehen Schilderungen von Kindheit gegenüber, die sich an Härte und Grausamkeit kaum überbieten lassen. Das harte Vorgehen gegen Kinder, das sich immer wieder als Teil der Geschichte von Kindheit findet, beruht auf einem Bild der Erwachsenen über Kinder, das die Kinder als triebhaft und unkultiviert sieht und davon überzeugt war, dass nur mit Disziplin, Schlägen, Kontrolle und einer harten Pädagogik die Kinder zu »guten« Erwachsenen geformt werden können.[5]

In einer der ersten Autobiografien (aus dem Jahre 1115) erzählt der Abt Guibert von Nogent kritisch davon, wie er zu einem braven und gottesfürchtigen Kind erzogen werden sollte. Seine in lateinischer Sprache überlieferten Lebenserinnerungen zeigen genaue Vorstellungen von einer geplanten Erziehung, die den späteren Erwachsenen im Blick hat. Erziehung ist hier keineswegs beliebig, sie wird sehr ernst genommen, wenngleich mit Mitteln und Verhaltensweisen betrieben, die auch seinerzeit nicht unhinterfragt hingenommen wurden. Aus der Schilderung des späteren Abtes geht die Differenz zu nichtprivilegierten Kindheiten hervor, die unkontrolliert den Heranwachsenden größere Spielräume ließen. Die strenge Erziehung des Abtes wird im Kontrast zur freien Kindheit der anderen Kinder entworfen.

Der Lehrer, so der Abt, »erzog mich, seinen Zögling, so züchtig und bewahrte mich vor allem Übermut, der in diesen jungen Jahren überzuschäumen pflegte, so gewissenhaft, daß ich an gemeinsamen

Spielen überhaupt nicht teilnehmen und ohne seine Begleitung nicht ausgehen durfte. Außer Haus durfte ich nichts essen und ohne seine Erlaubnis von niemanden Geschenke annehmen; alles musste ich wohlgemessen tun, in Worten, Blicken und Werken, und es hatte den Anschein, als wollte er mich nicht nur zum Kleriker, sondern gleich zum Mönch machen. Meine Altersgenossen streunten überall nach Belieben herum, für ihre altersbedingten Neigungen wurden ihnen die Zügel freigelassen; währenddessen wurde ich an derlei Dingen durch wachsame Befehle gehindert, saß im geistlichen Ornat da und betrachtete die Scharen spielender Kinder wie ein gelehrtes Lebewesen. […] Da er mir so zusetzte, hätte jeder Beobachter glauben müssen, daß mein kleiner Geist durch solche Hartnäckigkeit vorzüglich geschliffen würde; aber die Hoffnung schlug fehl. […] Indessen wurde ich fast täglich mit einem wüsten Hagel von Ohrfeigen und Schimpfworten zugedeckt; so zwang er mich zu lernen, was er nicht zu lehren verstand. […] aber der Ertrag stand in keinem Verhältnis zum Zeitaufwand.«[6]

Was hier als extreme Form einer kontrollierenden Pädagogik beschrieben wird, hat gleichwohl eine Ausrichtung, die vielen Erwachsenen als Ziel der Erziehung wichtig war: »Die moralische Erziehung aller Kinder – unabhängig davon, ob sie für ein kontemplatives oder tätiges Leben bestimmt war, beruhte [in Europa für Jahrhunderte, JB/ BF] vor allem auf Religion. Oberstes Erziehungsziel war der christliche Mensch, die Moral war wichtiger als Wissen und berufliche Fertigkeiten.«[7]

Auch bekannte Pädagogen des 18. und 19. Jahrhunderts haben den Unterschied von (zu erziehenden) Kindern und (vernünftigen) Erwachsenen immer wieder betont und sahen Strenge und Gehorsam als einen unverzichtbaren Teil einer guten Erziehung und damit einer guten Kindheit an. Ludwig von Strümpell (1812-1899) zum Beispiel, ein Schüler von Johann Friedrich Herbart, der 1809 die Nachfolge Kants in Königsberg antrat und zu den Begründern der wissenschaftlich-universitären Pädagogik gezählt wird, schreibt 1890 ein Werk über die Fehler der Kinder, das sich an »gebildete Ältern, Studierende der Pädagogik, Lehrer, sowie [an] Schulbehörden und Kinderärzte« richtet. Es werden in einem alphabetischen Wörterbuch seitenweise Hunderte von Fehlern der Kinder aufgeführt, letztere sollen zum Ziel einer »pädagogischen Therapie« werden. Unter anderem nennt Strümpell als Fehler von Kindern Gefühllosigkeit (etwa bei Tierquälerei), Gewinnsucht, Geiz, Gähnen, Garstigkeit, Grobheit, Grausamkeit, Großmäuligkeit, Gaunerei, Naschen, Neugierde, Neigung zum Weinen, Erschrecken, Lachen, Zuschlagen oder Hintergehen.[8] Diese Aufzählung mutet aus heutiger Sicht äußerst merkwürdig an, historisch aber zeigt sich bei Strümpell ein Bemühen um eine gute Kindheit, die sich daran messen lässt, dass die Erwachsenen die Kinder mit einem Wissen um die notwendigen Eigenschaften und Fähigkeiten für das spätere Leben erziehen. Die gute Kindheit ist hier die mit Strenge durchgesetzte Erziehung der Kinder, die erfolgreiche, fehlerfreie Erwachsene hervorbringen soll. Fragt man also danach, was gute Kindheit ist, so gibt es je nach

Standpunkt und in Abhängigkeit von Normen und Werten unterschiedliche Antworten.

Für Christian Gotthilf Salzmann (1744-1811) waren indes nicht die Fehler der Kinder, sondern die Fehler der Erwachsenen ein entscheidendes Kriterium für eine nicht gelingende Kindheit. Salzmann, der in Thüringen 1784 das Erziehungsinstitut Schnepfenthal gründete, war ein wichtiger Vertreter der Philanthropen (»Menschenfreunde«) und ist neben Basedow, Campe und Trapp zu nennen, die in der zweiten Hälfte des 18. Jahrhunderts in reformpädagogischer Absicht auf den Menschen einwirken wollten, um letztlich in Zeiten von zunehmender Massenarmut (und vorherrschenden Standesordnungen und Geburtsrechten) auch die Gesellschaft zu verbessern. Es ging um eine an »Menschenrechten, Wohlfahrt und Glück, Toleranz und Freiheit orientierte Gesellschaftsordnung«[9]; Erziehung und Bildung kamen in diesem Zusammenhang eine besondere Bedeutung zu.

Salzmann ging grundsätzlich vom Kinde aus. Der Erzieher sollte sich in das Kind hineinversetzen und provokant heißt es: »Von allen Fehlern und Untugenden seiner Zöglinge muß der Erzieher den Grund in sich selbst suchen«.[10] Der Erzieher muss gutes Vorbild sein, seinen Ton überdenken, in dem er mit dem Kind spricht. Wer mit »Koporalstone« spreche und auf »Rippenstöße« oder »Stockschläge« nicht verzichten könne oder wolle, dem riet er dazu, einen anderen Beruf zu ergreifen. Fehler und Untugenden dürften nicht den Zöglingen zugeschrieben werden, sondern der Erzieher habe die Pflicht, sein eigenes Verhalten zu überdenken. Das Ermahnen zur Wahrheitsliebe, aber der Hang, selbst zu lügen, ist ein Aspekt, den Salzmann kritisiert: »[…] sagst, daß du einen Freund besuchen wolltest und schleichst dich in das Wirtshaus […], setzest deine Lehrstunden unter dem Vorgeben aus, daß du krank wärest und bist doch nicht krank; forderst von deinen Zöglingen Verträglichkeit und zankst doch immer mit den Personen, die mit dir in Verbindung stehen«[11]. Die gute Kindheit drückt sich hier vor allem darin aus, dass sich der Erzieher die Welt des Kindes erschließt, indem er sich öffnet, sich in das Kind hineinversetzt und sein eigenes Denken und Handeln radikal in diesem Sinne verändert.

Die Härte von Kinderarmut und Kinderarbeit

Im 19. Jahrhundert war die »soziale Frage« immer auch eine Frage der Behandlung von Kindern, die in einem Zeitalter der Kinderarbeit unter unmenschlichen Arbeitsbedingungen im besonderen Maße gelitten haben. Friedrich Engels bezieht sich in einem Bericht zur »Lage der arbeitenden Klasse in England« 1845 auf offizielle Quellen wie Polizeiberichte und zitiert zur Beschreibung der Lebensverhältnisse in Liverpool den Regierungskommissar J. C. Symons: »In den niedrigeren Logierhäusern schlafen zehn, zwölf, ja zuweilen zwanzig Personen von beiden Geschlechtern und jedem Alter in verschiedenen Abstufungen der Nacktheit auf dem Fußboden durcheinander. Diese

Wohnstätten sind gewöhnlich (generally) so schmutzig, feucht und verfallen, dass kein Mensch sein Pferd darin unterbringen möchte.«[12] Die Lebensverhältnisse der Kinder verändern nicht nur ihr alltägliches Leben; die gesamte Kindheit ist eine vollständig andere, je nachdem wie ein Kind aufwächst. Der erwähnte Kommissar Symons berichtet zum Beispiel auch von körperlichen Veränderungen durch die Kinderarbeit: Neunzehnjährige Jungen waren bei der Begehung körperlich »in keinem Theile« weiter entwickelt als normalerweise 12-Jährige. Und diese Verlängerung der Kindheitsepoche sei – so Engels – Ausdruck einer insgesamt gehemmten.[13] Neben den körperlichen Gesundheitsschäden durch die schwere Kinderarbeit bringen die Untersuchungen unter der arbeitenden Bevölkerung Englands Mitte des 19. Jahrhunderts zutage, dass die in den Fabriken arbeitenden Kinder nicht ausreichend Lesen und Rechnen können, dass sie eine sehr schlechte Bildung haben und durch trunksüchtige Eltern und Branntweingenuss gefährdet waren.

»Vor allem in England, aber auch auf dem Kontinent war seit mindestens der Mitte des 18. Jahrhunderts Kinderarbeit vom sechsten Lebensjahr an in den Bergwerken, der Baumwoll- und Seidenindustrie eine Selbstverständlichkeit.«[14]

Die Quarry Bank Mill, eine sehr frühe Industriestätte der Baumwollverarbeitung, die seinerzeit zu den größten Baumwollmanufakturen weltweit zählte und heute in der Nähe von Manchester besichtigt werden kann, beschäftigte sechs Jahre nach ihrer Gründung im

Kinderarbeit auf dem Lande

Jahr 1790 bereits 80 Kinder und 183 Erwachsene; 1831 war die Zahl der Kinder, die als »apprentices« (im Sinne von angelernten Arbeitern) auf dem Gelände lebten, auf 100 gestiegen. Der Firmengründer Samuel Greg nahm vor allem Kinder aus den ärmsten Familien auf: »Child labour [...] was cheap – workhouse Children were not paid, they simply received their board and lodging.«[15] Kinder, so erklärte ein Mitarbeiter des national trust während einer Führung, die wir im August 2011 in der Quarry Bank Mill mitmachten, hätten vor allem Porridge bekommen, das schnittfest zubereitet gewesen sei. So konnte es schnell auf dem Weg zur Arbeit als Frühstück dienen. Ein gut zehnjähriger Junge, der deutlich machte, dass er das nicht mögen würde, wollte während der Führung wissen, was es gegeben habe, wenn einem das vorgesetzte Essen nicht schmeckte. Ganz einfach, so die Antwort, dann bist du eben hungrig zur Arbeit gegangen. Der Junge war irritiert; er kannte die Erfahrung, dass Kinder essen müssen, was auf den Tisch kommt, nicht. Für die schwer arbeitenden Bank-Mill-Kinder war es hingegen ein guter Teil ihrer Kindheit, dass sie ein verlässliches und stärkendes Frühstück bekamen.

Der Firmengründer Greg hatte ein bescheidenes pädagogisches Programm, das damals keineswegs selbstverständlich, freilich aber ökonomisch motiviert war. Er sorgte für eine medizinische Grundversorgung und lehnte körperliche Strafen ab. Bestraft wurde mittels kleiner Geldbeträge, die die Kinder durch Überstunden erwirtschaften mussten. Inwieweit Kinder jenseits überlanger Arbeitstage (zwölf Stunden) doch noch kleine Nischen hatten, die eigene, von den Erwachsenen getrennte Erzählungen und Erfahrungen ermöglichten, das lässt sich heutzutage nicht rekonstruieren, allenfalls vermuten.

In Deutschland, zunächst in Preußen, wurde 1839 die Kinderarbeit erstmalig rechtlich geregelt. Die Arbeit von Kindern unter neun Jahren wurde verboten, auch in der Quarry Bank Mill hatten Kinder ab ihrem neunten Lebensjahr gearbeitet. Im Deutschen Reich wurde durch das Kinderschutzgesetz von 1903 die Kinderarbeit untersagt. Auch wenn Kinder unter 14 Jahren nun nicht mehr in der Industrie beschäftigt werden durften, so war die Arbeit von Kindern auf dem Land nach wie vor üblich. Auch auf dem Lande litten Kinder unter den Lebensverhältnissen; sie waren von Krankheit, Armut und ausbeuterischer Kinderarbeit bedroht.

Neben realen Beschreibungen von Armut und dem Leiden der Kinder finden sich erzählerische Bearbeitungen, die in symbolischer Weise mit dem Thema umgehen. In Märchen etwa sind die Schilderungen von historisch überprüfbaren Zuständen nicht das Ziel des Erzählens. Die harten Kindheiten stellen vielmehr den Ausgangspunkt dafür dar, Geschichten zu erzählen, wie auch kleine Helden, denen im Leben keine Chance eingeräumt wird, durch Wagnis, Mut und Klugheit ihr Glück machen können. Die Wendung zu Kindern als Akteure, die auch in auswegloser Situation ihren Weg machen, findet sich im Märchen von Hänsel und Gretel in einer exemplarischen Form. In der Urfassung von 1812 (KHM 15) der Brüder Grimm ist die Härte der Kindheit in besonderem Maße spür-

Kinder in der Baumwollspinnerei, 19. Jh.

bar, da es die Mutter ist, die den Vorschlag macht, die Kinder auszusetzen. Erst in einer späteren Ausgabe (ab 1840) wird bei den Grimms aus der Mutter die böse Stiefmutter:

»Vor einem großen Walde wohnte ein armer Holzhacker, der hatte nichts zu beißen und zu brechen, und kaum das tägliche Brod für seine Frau und seine zwei Kinder, Hänsel und Gretel. Einmal konnte er auch das nicht mehr schaffen, und wußte sich nicht zu helfen in seiner Noth. [...] da sagte seine Frau zu ihm: ›höre Mann, morgen früh nimm die beiden Kinder, [...] führ sie hinaus in den Wald, mitten inne, wo er am dicksten ist [...] und laß sie dort, wir können sie nicht länger ernähren.‹ ›Nein Frau‹, sagte der Mann, ›das kann ich nicht über mein Herz bringen, meine eigenen lieben Kinder zu den wilden Thieren zu führen, die sie bald in dem Wald zerreißen würden.‹ ›Wenn du das nicht thust‹, sprach die Frau, ›so müssen wir alle miteinander Hungers sterben‹; da ließ sie ihm keine Ruhe, bis er Ja sagte. Die zwei Kinder waren auch noch wach von Hunger, und hatten alles gehört, was die Mutter zum Vater gesagt hatte. Gretel dachte, nun ist es um mich geschehen und fing erbärmlich an zu weinen, Hänsel aber sprach: ›sey still, Gretel, und gräm dich nicht, ich will uns helfen‹« (KHM 15, 1812).[16]

Erzählungen über Kindheit bilden keineswegs die Realität der Kinder ab, aber sie geben einen Einblick, wie zu einer bestimmten Zeit in einer Kultur über Kindheit nachgedacht und wie die reale Kindheit in literarischer Weise verarbeitet wird. Die arme Kindheit, die im europäischen Raum in allen historischen Zeiten spätestens seit dem Mittalter zu finden ist, erhält im 19. Jahrhundert durch die Industrialisierung eine dramatische Verschärfung. Das historisch neue Elend schlägt sich auch in der Literatur des Jahrhunderts nieder. So führt Gerhart Hauptmann in seinem 1893 am Berliner Theater uraufgeführten sozialen Drama »Die Weber«

Hänsel und Gretel (Darstellung von Ludwig Richter, 1903)

dem Publikum sehr eindringlich die Zustände vor Augen, die zum Weberaufstand 1844 in Schlesien geführt hatten. Im ersten Akt wird die entwürdigende Situation der Weber dargelegt. Die von der Not gezeichneten Menschen bringen ihre Heimarbeit für einen Hungerlohn zur Fabrik. Die Ausbeutung der Heimarbeiter hat zu einer verzweifelten, aggressiven Stimmung geführt. Mit einem Mal liegt ein achtjähriges Kind, das vor Hunger und Schwäche zusammengebrochen ist, wie tot auf dem Boden. Es ist ein Kind einer bitterarmen Familie, bei der es durch das Dach regnet und die Kinder nichts zum Anziehen haben. Eine Familie, in der die Mutter das zehnte Kind erwartet. Der Fabrikant ist allerdings nicht bereit, die Ursache des Elends in den Verhältnissen und in der Form der Heimarbeit zu sehen, er überhört die Hungerklage des Kindes und beschuldigt die Eltern: »Es bleibt ja immer eine Gewissenlosigkeit. Das Kind ist ja nur so'n Hälmchen zum Umblasen. Es ist rein unbegreiflich, wie Menschen … wie Eltern so unvernünftig sein können. Bürden ihm zwei Schock Parchent auf, gute anderthalb Meilen Wegs. Es ist wirklich nicht zu glauben.«[17]

Auch andere Schriftsteller greifen das Elend der Kinder im Zeitalter der Industrialisierung auf. Zum Beispiel hat Charles Dickens in seinem 1837-39 geschriebenen Roman »Oliver Twist«, der das Schicksal eines Armenhauskindes erzählt, eindringlich Kinderarmut, Kinderarbeit, Kinderkriminalität und das Leiden der ärmsten Kinder deutlich gemacht: »Oliver fiel auf die Knie und bat mit gefalteten Händen, man möge ihn lieber in die finstere Kammer sperren, ihm

Oliver Twist (Frontispiz der Erstausgabe von "Oliver Twist", 1838)

nichts zu essen geben, ihn prügeln, ja totschlagen, nur solle man ihn nicht mit diesem schrecklichen Manne fortschicken. ›Nun‹, sagte Herr Bumble, indem er feierlich Augen und Hände gen Himmel hob, ›von allen lügnerischen, hinterlistigen Waisenkindern, die mir je vorgekommen sind, bist du der frechste.‹«[18]

Das Elend der armen Kinder, wie es im 19. Jahrhundert zu einem zentralen Bestandteil von Kindheit geworden ist, lenkt den Blick auf die Frage von arm und reich. Schon Mark Twain hat 1881 in seiner Erzählung »Der Prinz und der Bettelknabe« mit den Mitteln einer Verwechslungsgeschichte die unterschiedlichen Welten armer und reicher Kinder vor Augen geführt.[19] Und Kirsten Boie hat diesen Stoff in jüngster Zeit für unsere heutige Gesellschaft adaptiert und auch für Kinder noch einmal erschlossen.[20] Mit Ironie, Witz und einem guten Gespür für die heterogenen Lebenswelten, die sich aufgrund der sozialen Unterschiede heutzutage entfalten, führt uns Boie nach Hamburg. Die Geschichte handelt von Kalvin Prinz und Kevin Bottel, die ihr jeweiliges Leben im Villenviertel und Mietshaus, ihren Alltag als Sohn eines wohlhabenden Geschäftsmannes mit Besuch eines Elitegymnasiums und als Sohn einer Putzfrau auf der Hauptschule tauschen. Die Texte von Twain und Boie sind nicht nur literarische Entwürfe, die zeigen, dass sowohl arme als auch reiche Kinder aktiv mit ihrem Leben umgehen und umgehen müssen. Beide Autoren, Mark Twain im 19. Jahrhundert und Kirsten Boie an der Schwelle zum 21. Jahrhundert, werfen in ihren Erzählungen auch die Frage auf, ob eine reiche Kindheit immer automatisch eine glückliche Kindheit ist. Beide kommen zum Schluss, dass eine solche Annahme problematisch ist. Auch reiche, behütete Kinder können – auf eine andere Art und Weise als dies bei armen Kindern der Fall ist – eine schwere Kindheit haben.

Die schwierige Kindheit der Fürstenkinder

Auch historisch lassen sich Beispiele finden, dass der Reichtum und die Macht der Eltern nicht gleichzeitig zu einer guten Kindheit führten. Die Härte, mit der Ludwig XIII. (1601-1643), der Vater des späteren Sonnenkönigs, erzogen wurde, stellt ein prominentes Beispiel dar. So wurde der kleine Prinz in seiner Kindheit immer wieder geschlagen: »Überhaupt hatte der König die Anweisung gegeben, Widerborstigkeiten, Ungehorsam und Wutausbrüche des Thronfolgers mit der Verabreichung von Stockschlägen auf das Hinterteil zu ahnden. Selbst als Ludwig nach der Ermordung seines Vaters, Heinrich IV., König geworden war (wenngleich Ludwig, seinerzeit neunjährig, keine Macht ausüben durfte), bewahrte man ihn nicht vor der Prügelstrafe. So berichtet ein zeitgenössischer Beobachter der Vorgänge am Pariser Hof unter dem Datum des 29. Mai 1610, dass der neue König auf ausdrückliche Anordnung der Regentin Maria von Medici ausgepeitscht (!) worden sei, weil er sich geweigert habe, zu beten. »Es kann kein Zweifel«, so der Historiker Klaus Malettke, »daran bestehen, dass die häufige Anwendung der Prügelstrafe in der Psyche des Kindes und Heranwachsenden negative Spuren hinterlassen hat.«[21]

Ludwig XIV. (1638-1715) zum Beispiel wurde bis zu seinem siebten Lebensjahr vor allem den Bediensteten, den Dienstmädchen, den Kammerfrauen und einem Kindermädchen, überlassen.[22] In dieser Zeit hat sich laut Quellenlage am Hofe niemand intensiv um ihn gekümmert. Mit sieben wurde seine Ausbildung unter der Oberaufsicht des Kardinal Jules Mazarin männlichen Erziehern übertragen. Ludwig lernte Sprachen und Geschichte und erhielt »Unterricht in Mathematik, Lesen, Schreiben, Recht und musischen Fächern, wie Tanzen und Gitarre«.[23] Dass er unter Aufsicht als »kleiner Erwachsener« agierte, der Schritt für Schritt im praktischen Tun sich auf seine späteren Aufgaben vorbereitete, lässt sich in militärischen Dingen ablesen: »Das Erlernte konnte er erstmals als Elfjähriger im Februar 1650 anwenden. Bei dieser kriegerischen Unternehmung musste der junge König gegen seine Cousine Longueville vorgehen, die versuchte, französische Regionen, wie z.B. die Normandie, gegen das Königtum aufzuhetzen. Dabei inspizierte er seine Truppen oder eilte zu den einzelnen ›Brandherden‹, um diese stillzulegen.«[24]

Fürstenkinder wurden an vielen Höfen nach strengen Regeln für ihre Aufgabe als Regenten und Vertreter von Herrscherfamilien erzogen. Auch der deutsche Kaiser Wilhelm II. musste sich einer harten Erziehung unterziehen, die insbesondere seine körperlichen Mängel kompensieren sollte.[25]

1888, im Jahr der Thronbesteigung von Wilhelm II., veröffentlichte Dr. Georg Hinzpeter, der Hauslehrer des Kaisers, eine – wie es hieß – Skizze nach der Natur, in der die schwierige Erziehung des jungen Regenten beschrieben wurde.[26] Kaiser Wilhelm II. hatte von Geburt einen lahmen linken Arm und konnte nur unter sehr großen Anstrengungen jene Tätigkeiten wie Reiten und Schießen erlernen, die für

Kaiserfamilie (Foto Potsdam 1888)

Ihre Majestät Kaiserin Augusta Victoria
mit Kronprinz Friedrich Wilhelm
d den Prinzen Eitel-Friedrich, Adalbert, August-Wilhelm und Oscar.

lle & Kuntze, Hofphotographen. Potsdam 1888.

einen Monarchen für die damalige Zeit unabdingbar waren. Nur durch die großen Anstrengungen, durch den starken Willen des jungen Wilhelm sei - so der Kaiserlehrer - die äußerliche Erziehung, das gemessene Gehen und Stehen, das höfliche Reden und Gebaren, die ritterlichen Übungen und das Sich-Unterhalten in fremden Sprachen, das Unterwerfen unter die äußere Disziplin möglich gewesen. »Aber«, so fährt Hinzpeter fort, »je leichter alle diese Äußerlichkeiten mit dem nötigen Eifer sich besorgen und erreichen ließen; desto schwerer war es, das innere Wesen zu fassen und die Entwicklung desselben in eine bestimmte Richtung zu schieben. [...] Der von frühester Jugend an allen Fürstenkindern zuströmende Überfluss von Vorstellungen und Empfindungen hat leicht eine gewisse Zerfahrenheit im Denken und Blasiertheit im Fühlen zur Folge. Die Bekämpfung solchen unheilvollen Mangels an Konzentrationsfähigkeit ist überall eine der wichtigsten Aufgaben der Prinzenerziehung. [...] Nur die äußerste Strenge und das energische Zusammenwirken aller [...] Autoritäten vermochten das Widerstreben zu überwältigen.«[27]

Die ältere Generation versucht hier also, mit allen Mitteln die jüngere für die Ziele der adligen Erwachsenen und der Sicherung der Monarchie zu gewinnen. Die harte Erziehung zum Kaiser, die Überwindung körperlicher und psychischer Mängel wird hier als ein pädagogischer Triumph und als Ausdruck des starken Willens des Kaisers gefeiert. Die Leiden des Kindes treten so hinter den Anforderungen des Amtes, für das es erzogen wird, zurück.

Die erwähnte Härte, mit der Ludwig XIII. als Kind behandelt wurde, bedeutet nicht, dass die Eltern oder Erzieher ihren Zögling nicht geliebt hätten. Klaus Malettke betont, dass der Vater, Heinrich IV., seinen Sohn »sehr geliebt« habe.[28] Auffallend ist, dass Härte, Strenge und Liebe durchaus in Verbindung gesehen werden müssen. Im Kontext christlicher Kultur konnte das Schlagen eines Kindes als christliche Pflicht der Eltern verstanden werden. In der Lutherbibel von 1545 heißt es etwa in den Sprüchen: »Wer seiner ruten schonet / der hasset seinen Son / Wer jn aber lieb hat / der züchtiget jn bald.«[29] Im Mittelpunkt der Erziehung steht also ein bestimmtes (historisches) Kindheitsbild, welches zum Beispiel von der Idee geleitet sein konnte, dass nur mit körperlichen Strafen der widerspenstige Wille eines Kindes gebrochen werden kann, so dass nur über Strenge aus einem »kindischen« Kind ein »vernünftiger« Erwachsener werden kann, der alles Kindische und die unvollkommene Kindheit hinter sich lässt: »Da ich ein Kind war, da redete ich wie ein Kind und war klug wie ein Kind und hatte kindische Anschläge; da ich aber ein Mann ward, tat ich ab, was kindisch war« (1. Korinther 13.11).

Auch bedeutet eine adlige Kindheit, wenn sie auf Schlägen basierte, nicht, dass diese adlige Erziehung nicht überlegt und planvoll gewesen sei. Christian Kahl, der die Kindheit des Kaisers Karl V. zu Beginn des 16. Jahrhunderts untersucht hat, macht deutlich, dass die Fürstenerziehung des Hauses Habsburg sehr sorgfältig durchgeführt wurde. Fürstenerziehung war durchaus ein Thema für philosophische Überlegungen,

Jugendspiele Kaiser Maximilian I., Holzschnitt von Burgmair (1473-1531)

und der junge Karl erhielt in vielfältigen Bereichen Unterweisung. So lernte er Philosophie und Religion, wurde in das höfische Leben eingeführt, was die Aneignung von Ritualen und Zeremonien ebenso wie die dazugehörige körperliche Ertüchtigung etwa beim Reiten, bei Kampfübungen und Jagden umfasste. Ziel war es, einen späteren Herrscher aufwachsen zu lassen, der im Sinne eines christlichen Ritters mit Selbstdisziplin, sittlicher Norm, Milde und Freigiebigkeit umzugehen wusste. Ein Fürstenkind sollte so erzogen werden, dass es in Mäßigung, Klugheit, Gerechtigkeit, Stärke und Beständigkeit ein gottgefälliges Leben führen sollte.[30] Diese Verbindung aus Bildung und Erwerb eines höfischen Lebensstils durch praktische Einführung durchzieht zum Beispiel auch die Kindheit Karls V., der am 24.2.1500 in Gent geboren wurde. Das Kind war nur kurz bei den Eltern, wobei berichtet wird, dass der Vater »sehr zärtlich« gewesen sein soll. Der Vater selbst war in seiner Kindheit immer wieder von seinem Lehrer geschlagen worden. »Noch in späteren Jahren trug er seinem ehemaligen Lehrer, für den er deswegen zeitlebens Hass und Verachtung hegte, dessen strenge Erziehungsmethoden nach.«[31]

Seine Mutter kannte der Junge in den ersten Jahren kaum; er hatte ein gutes Verhältnis zu seiner Amme, die an Stelle der Mutter stillte. Im Alter von sieben Jahren musste der zukünftige Herrscher bei öffentlichen Gelegenheiten auftreten, Briefe unterschreiben und kleine Ansprachen halten. Karl wuchs in der höfischen Atmosphäre seiner Tante Margarete von Österreich auf, zu deren Interessen das Sammeln von Kunst, eine »für damalige Verhältnisse gewaltige« Bibliothek und Musik gehörten. Margaretes Verhältnis zu Karl und seiner Schwester wird als das einer Ersatzmutter beschrieben, die sich fürsorglich um die Kinder kümmerte und auch im späteren Leben der beiden die »mütterliche Vertrauensperson« blieb.

Höfische Erziehung in höchsten Kreisen zeigte planvolles Umgehen mit den Heranwachsenden. Margarete »gestaltete das pädagogische Programm in Mecheln nach dem gleichen Muster, wonach Mädchen um nichts weniger sorgfältig geschult wurden als Knaben. Dieselben Lehrer, die Karl und seine Gefährten unterrichteten, waren auch für die kleinen Erzherzoginnen zuständig«.[32] Sorgfalt meinte freilich auch die geschlechtlich unterschiedliche Erziehung. Die Tante förderte Wissenschaft und Kunst und zu ihren Gästen gehörten Erasmus von Rotterdam, Adrian von Utrecht und auch Albrecht Dürer. Auch Adrian von Utrecht, der spätere Papst Hadrian VI., zählte zu den Erziehern Karls. Von ihm ist bekannt, dass er durch seine Ausbildung bei den Fraterherren in Utrecht – bei aller Strenge und Disziplin des Unterrichtes – Strafe und Drill als Erziehungsinstrument ablehnte und als ›moderne‹ Erziehungsmethode auf Verständnis setzte. Die Kindheit und Jugend von Karl endete mit 15 Jahren, als er für volljährig erklärt wurde und die Regentschaft übernahm.

Kindheit in der historischen Entwicklung –

Kindheit als soziales Phänomen

Die Geschichte der Kindheit ist geprägt von sehr unterschiedlichen, teilweise sich widersprechenden Vorstellungen über Kinder und deren Erziehung. Feste Überzeugungen, dass nur Disziplin und Härte gute Menschen hervorbringen können, stehen oft unvermittelt neben Bekenntnissen zu Milde und Verständnis. Zeugnisse von Eltern- und Kinderliebe finden sich neben Erinnerungen, die von Grausamkeit und Kälte gekennzeichnet sind. Auch die realen Lebensweisen der Kinder in historischen Zeiten sind so unterschiedlich, dass die Extreme kaum vorstellbar sind. Armut, Hunger, Zwangsarbeit fanden sich in direkter Nähe zu Wohlstand, Reichtum und einer unbeschwerten und sicheren Kindheit. Die Fürstenkinder an den europäischen Höfen wuchsen in einer vollständig anderen

Welt auf als etwa Kinder von armen Leuten in den abgelegenen Hungerregionen. Die Welten von Bürger-, Handwerker-, Bauern-, Landarbeiter- oder Adelskindern sind je eigene Kindheiten, die sich zudem noch sehr unterschiedlich verändert haben. Deutlich wird, dass Kindheit ein soziales Phänomen ist, das nur über die jeweiligen gesellschaftlichen Bedingungen des Aufwachsens zu verstehen ist. Es empfiehlt sich daher, statt von der Kindheit besser von Kindheiten zu sprechen, wobei der Plural bereits auf die Vielgestaltigkeit und Diversität hinweist.

Trotz sozialer Unterschiede gibt es über alle Kindheitsformen hinweg aber auch Gemeinsamkeiten: der Stand der Medizin, Seuchen und Krankheiten oder Kriege konnten alle Kinder betreffen. Auch die jeweilige Kultur, seien es die religiösen Überzeugungen, die politische Verfassung einer Gesellschaft oder die technische Entwicklung einer Kultur, hatte Einfluss auf alle Kinder. Auch die Vorstellungen, was Kinder sind und welcher Stellenwert ihnen eingeräumt wurde, schlug sich in der gesamten Kindheit einer historischen Epoche nieder - ebenso wie die Geschlechterverhältnisse, die Stellung von Mann und Frau, die Unterordnung der Frauen unter die Herrschaft des Mannes und das jeweilige historische Vater- und Mutterbild.

Bei allen Unterschieden der Kindheiten kann dennoch von einer gemeinsamen Geschichte der Kindheit in Europa über alle Stände, Klassen und sozialen Milieus hinweg gesprochen werden. Wie diese Geschichte der Kindheit seit dem Mittelalter aussieht und vor allem wie sie bewertet werden kann und soll, ist allerdings eine Frage, die bisher nur unzureichend beantwortet werden kann. Zu groß sind die Lücken, zu gering ist die wissenschaftliche Ausarbeitung des Wandels von Kindheit, auch wenn zu einer ganzen Reihe von Aspekten sehr gute Arbeiten vorliegen. Im Folgenden werden deshalb einige zentrale Entwürfe der Geschichte der Kindheit skizziert und zueinander in Beziehung gesetzt.

Die Entdeckung der Geschichtlichkeit der Kindheit

Es ist keineswegs selbstverständlich, Kinder und ihre Lebensweise unter einer historischen Perspektive zu betrachten. Zwar finden sich vereinzelt Publikationen zur »Kulturgeschichte« des Kinderlebens, aber charakteristisch für solche Sammlungen ist, dass sie Quellen aneinanderreihen. So etwa die im Jahre 1900 von Hans Boesch geschriebene Untersuchung zum »Kinderleben in der deutschen Vergangenheit«, die in thematischen Kapiteln, wie Geburt, Taufe, Erste Lebensjahre, Erziehung, Feste und Schule, Quellen in loser Folge aufführt, ohne dass diese in einen Zusammenhang gestellt würden. Kindheit oder gar der Wandel von Kindheit bleiben in diesem Zugang aus kuriosen, wenn auch im einzelnen interessanten Geschichten und Geschichtchen zum Kinderleben weitgehend unverständlich. Der Verfasser nimmt am Ende einen ganz und gar erwachsenen Standpunkt ein und distanziert sich von den Kindern: »Die Vertiefung in das Leben der Kinder in vergangenen Jahrhunderten lehrt, daß die Eltern ihren Kindern zu allen Zeiten von ganzen Herzen zugethan waren [...]. Deßwegen brachten sie ihnen Strenge entgegen und hielten scharfe Zucht [...]. Es hat gute und böse Kinder, folgsame und unfolgsame, fleißige und faule, die ihren Eltern zärtlich zugethan waren, wie andere, die auf deren Wort nicht merkten, dankbare und undankbare gegeben.«[33] Dieses Nachwort zeigt, neben der Betonung der Elternperspektive und der Rechtfertigung der Erwachsenen am Ende eines Jahrhunderts, das eine Fülle von Grausamkeiten für Kinder bereitgehalten hatte, auch, dass Kinder in ihrem eigentlichen »Wesen« als ahistorisch betrachtet werden. In diesem Sinne ist diese Kulturgeschichte keine Geschichte der Kindheit und schon gar nicht eine Schrift zum Verständnis der pädagogischen Gestaltung des Kinderlebens.

Im gleichen Jahr wie Boesch veröffentlichte Ellen Key (1849-1926) ihr leidenschaftliches Plädoyer für eine bessere Kindheit. Für Key sind Kinder keine Wesen, die von Natur aus gut oder böse sind und die von Erwachsenen auf ihren charakterlichen Wert geprüft werden müssen. Auch ist die Erziehung der Kinder nichts, was als Ganzes positiv gewertet werden kann, wie dies Boesch unternimmt. Für die schwedische Sozialreformerin sind die Kinder ihrer Zeit vielfache Opfer von Kinderarbeit, Ausbeutung und grausamer Behandlung durch Erwachsene. Seelenmord nennt sie das, was vielen Kindern in der Familie, in der Schule, in der Landwirtschaft oder in den Fabriken angetan wird; und die Kälte im Umgang mit den Kindern ist für Key der Grund, warum die gesamte Gesellschaft unmenschlich ist. Ellen Key ruft deshalb im Jahr 1900 im Namen der Kinder und zur Verbesserung der Gesellschaft ein »Jahrhundert des Kindes« aus.[34] Für sie entscheidet sich die zukünftige Entwicklung der Moderne an der Art und Weise, wie mit den Kindern umgegangen wird. Der Vergleich der Schriften von Hans Boesch und Ellen Key macht den sehr kontroversen Diskurs um Kindheit am Ende des 19. Jahrhunderts deutlich. Die Bewertungen, die aus Expertensicht getroffen werden, sind äußerst unterschiedlich. Sie polarisieren und offenbaren die Suche nach gültigen und richtigen Kriterien, die für das Aufwachsen der Kinder gefunden werden sollen. Von Kindern als Wesen, die tendenziell böse sind und mit Disziplin erzogen werden müssen, bis zu den unschuldigen Kindern, die unter den Lebensverhältnissen schwer zu leiden haben, reicht die Skala dieser Auseinandersetzung, die das gesamte 20. Jahrhundert andauerte und noch nicht beendet ist.[35]

Ellen Key propagierte eine Pädagogik vom Kinde aus und steht damit als Reformpädagogin in der Tradition der fortschrittlichen Veränderung der Kindheit. Sie gehörte zu einer Bewegung, die um 1900 zu einer neuen modernen Sicht auf Kindheit führte und die pädagogische Traditionen aufgenommen hat, die bis in die Frühe Neuzeit zurückreichen. Bereits kurz erwähnt wurden die Philanthropen, die als pädagogische Schriftsteller und Schulreformer im Anschluss an Jean Jacques Rousseau das neue Bild vom

Buchillustration zu Adele Schreiber. Das Buch vom Kinde. 1907.

Kind weiterentwickelt hatten. Das 18. Jahrhundert kann als pädagogisches Jahrhundert verstanden werden, weil in dieser Zeit Kindheit zum einen intensiv diskutiert wurde, etwa an Rousseaus Schrift Emile (1762)[36], die an einem idealtypischen Fall grundlegende Fragen des Erziehens und der Kindheit aufwirft. Zum anderen ist es eine Zeit von vielfältigen praktischen Erziehungsversuchen und der Erprobung von Erziehungsmodellen. So kam es 1774 in Dessau zur Gründung einer Reformschule (Philanthropinum), nur fünf Jahre später wurde der erste Lehrstuhl für Pädagogik (und Philosophie) in Deutschland eingerichtet und Ernst Christian Trapp (1745-1818) an die Universität Halle berufen.[37] Diese enge Verbindung von einem theoretischen Nachdenken über Kinder, und der praktischen Gestaltung von pädagogischen Modellprojekten ist auch für das 19. und 20. Jahrhundert zu nennen, wenn es um pädagogische Entwürfe und Planungen einer guten Kindheit geht. Genannt werden sollen hier nur zum Beispiel Johann Heinrich Pestalozzi, Friedrich Fröbel, Maria Montessori, Janusz Korczak, Anton Semjonowitsch Makarenko oder auch Alexander S. Neill.

Die Reformpädagogik machte die Kindheit zu einem geschichtlichen Fortschrittsprojekt, das auf eine Verbesserung der Verhältnisse für Kinder zielt, ohne allerdings zunächst die reale Geschichte der Kindheit selbst in den Blick zu nehmen. Ziel ist es nicht, den historischen Wandel von Kindheit zu verstehen, sondern – in der Entwicklung von Gesellschaft – der Natur des Kindes zu ihrem Recht zu verhelfen.

So behandelt Adele Schreiber (1872-1957), eine bekannte Politikerin, Frauenrechtlerin und Journalistin der Kaiserzeit, in ihrem richtungsweisenden Sammelwerk »Das Buch vom Kinde« (1906/07)[38] zusammen mit namhaften Experten ihrer Zeit zwar umfassend alle möglichen Aspekte von Kindheit, aber die Geschichte der Kindheit ist in diesem Standardwerk kein Thema. Diejenigen, die sich für das Wohl von Kindern interessierten, setzten sich damals vor allem mit Fragen der Medizin, Psychologie, Pädagogik, Recht und Reform der Kinderkultur (Kleidung, Wohnung, Spiel) intensiv auseinander, mit dem Ziel »dazu beizutragen, daß die junge Generation gesünder und freier zu mutiger, großzügiger Lebensauffassung heranwächst«.[39] Erst

Tanzschule Isadora Ducan, Grunewald, 1907

in der zweiten Hälfte des 20. Jahrhunderts gewinnt eine historische Perspektive auf Kindheit eine zentrale Bedeutung, wobei es unterschiedliche Fächer sind wie die historischen Wissenschaften, die Soziologie, die Psychologie, die Erziehungswissenschaften und vor allem die Kulturwissenschaft, namentlich die Volkskunde/ Europäische Ethnologie, die die Kindheit entdeckt haben und als wissenschaftliches Thema erforschen. Schon Ende der 1970er-Jahre betonte Ingeborg Weber-Kellermann in ihrem zentralen Buch zur Geschichte der Kindheit, dass Kindheit nur im jeweiligen sozialen, kulturellen und historischen Kontext zu verstehen ist.[40]

Einen besonderen Stellenwert für die Wahrnehmung des historischen Wandels von Kindheit hat das französische Werk »Das Kind und das Familienleben während des Ancien Régime«[41], das Philippe Ariès 1960 geschrieben hat. Während die Untersuchungen von Ariès im Kern den Wandel der Kindheit und der Familie in Frankreich vom ausgehenden Mittelalter bis zur Französischen Revolution in den Blick nehmen, erhält die deutsche Ausgabe, die 15 Jahre später 1975 erscheint, den Titel »Geschichte der Kindheit«. Hier wird erkennbar, dass in Deutschland diese historischen Arbeiten zur Kindheit eine neue umfassende Bedeutung erhalten. Die Frankfurter Rundschau, die im Klappentext der deutschen Ausgabe zitiert wird, bringt in einer Rezension die neue Sicht auf Kindheit auf den einprägsamen Punkt: »Was wir Kindheit nennen, hat es nicht immer gegeben. Die Abgrenzung zwischen Kindern und Erwachsenen hat das Mittelalter nicht gekannt. Kinder lebten, sobald sie sich allein fortbewegen und verständlich machen konnten, mit den Erwachsenen, waren kleine Erwachsene.«[42] Diese neue Perspektive, die im Weiteren genauer erläutert wird, hat die kultur- und sozialwissenschaftliche Kindheitsforschung und auch die Pädagogik verändert und zu einer ganzen Reihe von Untersuchungen zum Wandel von Kindheit und Familie geführt.

Kleine Erwachsene

Philippe Ariès entwirft entlang seiner historischen Quellen, die auch Bilder umfassen, einen Wandel der Kindheit, den er mit zwei vollständig unterschiedlichen Einstellungen zum Kind beschreibt. Als Aus-

Erich, August (1620-1644), Familienportrait des Landgrafen Moritz. Obere Reihe: Kleine Erwachsene, untere Reihe Hätschelkinder.

gangspunkt wählt er die mittelalterliche Gesellschaft in Frankreich und kommt zu dem Schluss, dass die Erwachsenen in dieser Zeit kein »Verhältnis zur Kindheit« in dem Sinne, wie heute Kindheit verstanden wird, hatten. Das heißt, dass es in der Gesellschaft keine Vorstellungen von Kindheit als Lebensphase gibt und keine bewusste »Wahrnehmung der kindlichen Besonderheit, jener Besonderheit, die das Kind vom Erwachsenen, selbst dem jungen Erwachsenen, kategorial unterscheidet. Ein solches bewußtes Verhältnis zur Kindheit gab es nicht. Deshalb gehörte das Kind auch, sobald es ohne die ständige Fürsorge seiner Mutter, seiner Amme oder seiner Kinderfrau leben konnte, der Gesellschaft der Erwachsenen an und unterschied sich nicht länger von ihr.«[43]

Sieht man als ein wichtiges Kriterium von Kindheit die Abhängigkeit der Kinder von den Erwachsenen an, so lassen sich für das Mittelalter zwei Stufen von Kindheit unterscheiden. Nach einer Phase des Hätschelalters, die die sehr kleinen Kinder, die noch nicht am Leben der Erwachsenen teilnehmen können, bei einer fürsorglichen weiblichen Betreuung verbringen, kommt als zweite Phase eine Lernperiode und eine Zeit des Vorbereitens, in der die Kinder schon als »kleine Erwachsene« leben und im praktischen Tun in die erwachsene Gesellschaft eingeführt werden.

Als kleine Erwachsene sind die Kinder auf den Bildern schon wie Erwachsene gekleidet und nehmen auch die gleichen Posen wahr. Eine besondere Kindheit lässt sich aus diesen Bildern für die Zeit bis zum Erwachsensein nur schwer herauslesen. Die starke Einbindung der Kinder in die Welt der Erwachsenen über die Arbeit ließ den Kindern auch nur wenig Spielraum zur Herausbildung einer eigenständigen Kinderkultur. Nach der kurzen Phase des Hätschelalters begann früh eine Lernphase der praktischen Einführung in die stark religiös geprägte Lebenswelt der Erwachsenen, die vor allem von Arbeit bestimmt war. Mit der Geschlechtsreife vollzog sich ein schneller Übergang ins Erwachsenenleben, das für die Mehrzahl der Bevölkerung nicht durch Mündigkeit und Selbstständigkeit, sondern durch finanzielle Abhängigkeit und soziale Unterordnung gekennzeichnet war.

Gemälde des 16. bis 18. Jahrhunderts, die das Leben in bäuerlichen, handwerklichen, bürgerlichen und adligen Familien veranschaulichen, zeigen, wie Kinder in unterschiedlichem Alter Teil des Erwachsenenlebens waren. Wie selbstverständlich erscheinen die Kinder in den Stuben, Gasthäusern, beim Tanzen, in der Küche oder beim Spiel – Tätigkeiten, die auch oft von den Erwachsenen geteilt wurden.

Auf den Bildern, die das Hätschelalter zeigen, werden die Kinder häufig in einem engen Verhältnis zu erwachsenen Frauen dargestellt und tragen eine besondere Kleinkind-Kleidung, die sich bei Jungen und Mädchen in der Regel nicht unterschied.

Nicht immer mussten aber die Bezugspersonen, wie schon die Kindheit Karl V. zeigte, die leiblichen Eltern oder die Mutter sein. So hat sich seit der Frühen Neuzeit in einigen Regionen das Ammenwesen, das im Mittelalter noch marginal war, sehr verbreitet, wobei die Kinder von wohlhabenden Eltern bis zum dritten Lebensjahr aufs Land abgegeben werden konnten oder Ammen ins Haus geholt wurden.[44] Auch die Betreuung von kleinen Kindern wurde oft Bediensteten oder älteren Geschwistern, insbesondere den Mädchen, übertragen. »Man darf jedenfalls nicht davon ausgehen, dass Kleinkinderziehung bloß von den Müttern geleistet wurde.«[45] Verbreitet waren Kinderwiegen, die sich in Größe und Qualität unterschieden, auch finden sich auf den Gemälden Abbildungen von Kinderstühlen, Gehschulen und Hängesitzen. Spielzeug wie Puppen, Bälle, Vogelspiele, Steckenpferde, Schellen, Reifen, Drachen oder für die wohlhabenden Kinder Puppenhäuser und Spielzeugwaffen sind ebenfalls zu sehen, gehören aber nicht in die Kindheit der armen Bevölkerung. Auch werden wohlhabende Kinder regelmäßig im Kontakt

Kinder und Erwachsene leben eng zusammen. Bauernfamilie 17. Jh.

mit Tieren gezeigt. Charakteristisch waren Darstellungen mit lebenden Vögeln, Hunden oder Katzen. Auf dem Lande kamen die Kinder neben dem Hüten des Viehs auch mit dem Schlachten etwa von Schweinen in direkten Kontakt.

Die Untersuchungen von Ariès führen auch zu dem Ergebnis, dass sich in der Frühen Neuzeit ein neues Verständnis von Kindheit entwickelt. Während die mittelalterliche Einstellung keine genauen Altersvorstellungen zur Kindheit hatte und vor allem das Leben der Kinder in familiären Verhältnissen verortet, entwickelt sich außerhalb der Familie im 16., vor allem aber im 17. und 18. Jahrhundert, eine neue Einstellung zur Kindheit. Theologen, Philosophen, Rechtsgelehrte und Pädagogen kritisierten zunehmend den Umgang mit den Kindern, machten darauf aufmerksam, dass Kinder »vernachlässigt« und als zerbrechliche Geschöpfe Gottes »zugleich zu bewahren und zu einen verständigen Wesen zu erziehen« seien. Im 18. Jahrhundert kommt zu dieser Erziehungsperspektive noch »das Bemühen um Hygiene und Gesundheit« hinzu. Es entsteht ein Bewusstsein für die Kindheit und ein öffentliches Interesse für Kinder und ihre Belange - diese neue Einstellung verändert nach und nach auch das Familienleben. »Alles, was die Kinder und die Familie angeht, wird nun gleichermaßen ernstgenommen und der Aufmerksamkeit für würdig befunden. Das Kind, und nicht nur die Zukunft des Kindes, sein zukünftiger Platz im Leben, sondern seine Gegenwart und seine bloße Existenz haben einen zentralen Platz innerhalb der Familie eingenommen.«[46]

Damit verändern sich die gesamte Kindheit und die Familie tiefgreifend. Während im Mittelalter Kinder schnell groß und schon bald als Erwachsene behandelt wurden, verlängert sich nun die Kindheit und ihre pädagogische Formierung. Die Länge der Kindheit hat sich in der Geschichte nach »historischen Epochen und sozialen Schichten« verändert. So begann die Volljährigkeit nicht immer mit 18 Jahren. Unter einer historischen Perspektive bedeutet die Bezeichnung »kleine Erwachsene« nicht, dass die jungen Menschen die Rechte besessen hätten, die heute ein volljähriger Erwachsener hat. Vielmehr war die Mehrzahl aller Erwachsenen von den Besitzern des Landes abhängig. Ältere Erwachsene mussten sich den Anordnungen eines Familienvaters, unter dessen Dach sie wohnten, fügen. In Preußen etwa wurde die Leibeigenschaft erst 1799 abgeschafft und die Bauernbefreiung zog sich in ihren finanziellen Auswirkungen bis ins Ende des 19. Jahrhunderts. Hinweise für die Kürze der Kindheit bieten etwa die Volljährigkeitserklärungen der Fürstenkinder. Ludwig XIV. war mit 13 Jahren nach französischem Recht volljährig. König Friedrich Wilhelm I. (1688-1740) wurde mit 16 Jahren für volljährig erklärt, der spätere Kaiser Wilhelm II. (1859-1941) mit 17 Jahren. Vor dem 18. und 19. Jahrhundert wurden Fürstenkinder früher für mündig erklärt. [47]

Emotionen der Erwachsenen zum Kind

In der Beschreibung der Gefühle zu den Kindern sind Teile der Kindheits- und Familienforschung lange

Zeit davon ausgegangen, dass frühere Jahrhunderte eine größere Distanz zu den Kindern gehabt hätten. Edward Shorter (1975) vertrat die Ansicht, dass »in der alten Zeit« die Mütter in der Regel gegenüber ihren Säuglingen und Kleinkindern eine große Gleichgültigkeit an den Tag legten.[48] Erst die Entstehung der modernen Familie habe zu einem Binnenklima in der Familie geführt, in dem sich die Liebe der Ehepartner zueinander und die Liebe zum Kind entwickeln konnte. Unsere heutige emotionale Familiensicht habe es in der vorindustriellen Zeit – zu denken ist an die hohe Kindersterblichkeit – nicht gegeben. Festzuhalten ist, dass romantische Vorstellungen von einem gefühlvollen Familienleben keine anthropologische Konstante sind; Familien waren nicht immer und überall durch die Gefühle gekennzeichnet, wie wir sie heute von der Familie erwarten und erhoffen. Selbst die Mutterliebe ist keine biologische Disposition, die allen Frauen angeboren ist, wie Elisabeth Badinter sorgfältig an historischen Quellen untersucht hat.[49] Heute ist die Sicht auf die Gefühle zu den Kindern differenzierter geworden, als dies vor 30 Jahren der Fall war. Was wir wissen, ist die Tatsache, dass es immer wieder große Härten und Grausamkeiten gegen Kinder gab und auch heute noch gibt. Shorter bezieht sich auf Ariès, der in seinen Analysen von Gemälden zu dem Schluss gekommen war, dass für die traditionale Gesellschaft eine größere emotionale Distanz der Erwachsenen zu den Kindern wahrscheinlich sei.[50] Ein genauer Blick in den Text von Ariès zeigt indes ein weit vorsichtigeres Urteil, wie es Shorter oder Badinter fällen: »Die mittelalterliche Gesellschaft [...] hatte kein Verhältnis zur Kindheit;« – schreibt Ariès – »das bedeutet nicht, daß die Kinder vernachlässigt, verlassen oder verachtet wurden. Das Verständnis für die Kindheit ist nicht zu verwechseln mit der Zuneigung zum Kind.«[51]

Gleichwohl aber nahm Ariès an, dass die hohe Säuglingssterblichkeit zu einer Distanz zu den Kindern geführt hätte, sozusagen ein Schutz der Eltern gegen die Trauer. Insgesamt ging Ariès aber davon aus, dass sich intensive Gefühle der Eltern zu ihren Kindern erst seit der Neuzeit entwickelt hätten. Emmanuel LeRoy Ladurie, der die Inquisitionsakten der Befragung der Bewohner von Montaillou ausgewertet hat, widerspricht diesem Bild eines gefühllosen Mittelalters auf der Basis seiner Quellenlage: »Aus alledem ergibt sich, dass die [...] Behauptung, der zufolge Kinderliebe eine vergleichsweise neue Erfindung der bürgerlichen Kultur wäre, wenigstens nicht in dem simplistischen Verstande wahr ist, den viele Leser dieser Schriftsteller davon haben.«[52]

Dabei waren die Tränen und die Trauer der Väter und Mütter, die in den vielfältigen Quellen deutlich werden, immer auch mit eigenem Interesse der Erwachsenen gemischt: »Kinderliebe – und also Trauer beim Tod von Kindern – drückte [...] nicht zuletzt die Sorge der Eltern für das eigene Wohlergeben aus. ›Als Raymond Benet, der Sohn Guillaume Benets, starb, ungefähr zwei Wochen später ging ich in Guillaume Benets Haus. Ich fand ihn in Tränen. ›Alazias‹, sagte er, ›ich habe durch den Tod meines Sohnes Raymond alles verloren. Nun hab ich niemanden mehr, der für mich arbeitet‹.«[53]

Diese zweckgebundene Kinderliebe ist indes nicht die einzige Form von Zuneigung Erwachsener zu Kindern. Es finden sich auch literarische Zeugnisse von selbstloser Kinderliebe. So erzählt Giovanni di Boccaccio in der fünften Geschichte des fünften Tages des Dekameron von einer besonderen Vaterliebe. Guidotto da Pavia[54], ein betagter Soldat, der fast sein gesamtes Leben mit dem Waffenhandwerk unter Kriegsleuten verbracht hat, kommt bei der Plünderung der Stadt Faenza durch die Truppen des Kaisers Friedrich in ein Haus, das von seinen Bewohnern verlassen wurde. Er findet neben vollen Schränken ein »etwa zweijähriges Mädchen, das ihn, als er über die Treppe hinaufgestiegen sei, mit ›Vater‹ angerufen habe; das habe sein Mitleid erregt, und er habe sie nach Fano gebracht«.[55] Das Mädchen wurde wie ein eigenes Kind von Guidotto aufgezogen. »Als es nun mit Guidotto zu Ende ging, befahl er seine Tochter, die etwa zehn Jahr alt war, und alles was er auf der Welt hatte, seinem Freund Giacomino an, weil er weder einen Sohn hatte noch einen Freund oder Verwandten, dem er mehr Vertrauen geschenkt hätte als ihm und verstarb.«[56] Giacomino war ein Waffenbruder und Soldatenfreund von Guidotto, und beide hatten lange Zeit gemeinsam gekämpft. Er »nahm das Mädchen mit, das ihm Guidotto befohlen hatte und das er wie eine eigene Tochter liebte und erzog«.[57] Die Geschichte führt dann in weitere Verwicklungen, in deren Verlauf die Herkunftsfamilie gefunden wird und es für das dann fünfzehnjährige Mädchen zu einem glücklichen Ende mit Hochzeit kommt. Diese

Geschichte einer bemerkenswerten Vaterliebe zu einer Wahltochter dürfte um 1350 verfasst sein.

Vor diesem Hintergrund scheint es nicht verwunderlich, dass eine Reihe von Untersuchungen für das Spätmittelalter zeigen, dass die Eltern sehr wohl um ihre Kinder trauerten, und dass sich an Hand von Briefen nachweisen lässt, dass Eltern Empathie und Zuneigung für ihre Kinder hegten und nicht alle Erwachsene Kinder als »eine Miniatur des Erwachsenen« verstanden, sondern dass es schon früh Fälle gab, wo ein Kind »als ein Wesen mit jeweils eigenen Charakteristika und Bedürfnissen in den einzelnen Altersstufen angesehen« wurde.[58] In der Geschichte der Kindheit gibt es an unterschiedlichen Stellen – insbesondere im Zuge der Aufklärung – Hinweise auf oftmals schwankende Emotionen der Erwachsenen, die in vernünftige Bahnen gelenkt werden sollten. Erzieher, Philosophen, Moralisten wandten sich wiederholt gegen eine Verhätschelung der Kinder. Ein prominentes Beispiel findet sich in den Essais von Michel de Montaigne (1533-1592), die zwischen 1580 und 1588 erschienen. Montaigne schreibt über die Liebe der Väter zu ihren Kindern: »So habe ich [...] kein Verständnis für die Leidenschaft, mit der man die gerade erst geborenen Kinder zu herzen pflegt, obwohl sie doch weder seelische Regungen zeigen noch eine ausgebildete Körperform aufweisen, durch die sie sich liebenswert machen könnten; auch habe ich es nur widerwillig ertragen, daß man sie in meiner Nähe aufzog. Eine echte sinnvolle Zuneigung sollte erst in dem Maße aufkommen und sich entwickeln, wie uns die Kinder ihr Wesen erkennen lassen; dann aber gilt es, den natürlichen Hang mit der Vernunft zu paaren und sie voll wahrhaft väterlicher Zärtlichkeit zu lieben, falls sie es verdienen – und falls nicht, ebenso streng über sie zu urteilen [...]. Sehr oft läuft es jedoch gerade umgekehrt, und meistens fühlen wir uns von dem Gestrampel, dann den einfältigen Spielereien und dem Herumalbern unsrer Kinder mehr angerührt als später von ihrem wohldurchdachten Tun: als liebten wir sie nur zum Zeitvertreib – als Äffchen, nicht als Menschen. Und manch einer beschenkt sie, solang sie klein sind, freigebig mit Spielsachen, der sich bei der geringsten Ausgabe, deren sie als Herangewachsene bedürfen, arg zugeknöpft zeigt.«[59] Diese etwas misanthropischen Ansichten Montaignes lassen sich dahingehend deuten, dass herzliche Zuneigung zu kleinen Kindern keineswegs unüblich war. Des Weiteren lässt sich die Schilderung als Versuch verstehen, die »natürlichen« Emotionen auch der Väter in eine vernünftige Liebe zu den Kindern, die sich bewähren müssen, zu überführen. Auch in dieser Schrift wird die Pädagogisierung des Kinderlebens deutlich, und es ist ein planvolles Handeln gefordert.

Während sich also in der historischen Entwicklung von Kindheit große Linien nachvollziehen lassen von einer Gesellschaft, die sich an den Bedürfnissen der Erwachsenen orientierte, hin zu einer Gesellschaft, die die Kinder in einer besonderen Weise sieht und erzieht, stellen sich in vielen Einzelaspekten Fragen, die eine einfache Bewertung von guter oder schlechter Kindheit schwierig werden lässt. Insgesamt kann man sagen, dass in der historischen Entwicklung von Kindheit das medizinische, pädagogische, psychologische Wissen über Kinder und den Umgang mit ihnen gewachsen ist.[60] Kindheit hat sich aber auch in diesem Prozess zunehmend vom Leben der Erwachsenen abgetrennt, wie Ariès durchaus kritisch feststellt.[61] Diese negative Einschätzung des Wandels von Kindheit durch Ariès wird etwa von de Mause nicht geteilt. In seinen Untersuchungen kommt er zu dem Schluss, dass sich die Kindheit zunehmend verbessert habe. De Mause bewertet nicht die Trennung von der Erwachsenenwelt als Verlust der kindlichen Erfahrungsräume, sondern betont aus psychoanalytischer Sicht eine Verbesserung der Beziehungen zwischen Erwachsenen und Kindern. Festgehalten werden kann, dass es im 19. Jahrhundert zu einer zunehmenden Segregation der Kinder in spezielle Räume wie Schulen, Kindergärten, Kinderzimmer und Spielplätze gekommen ist und dass diese Entwicklung durchaus ambivalent (als Verlust- oder Fortschrittsgeschichte) bewertet werden kann. Wir können heute die historische Kindheit nicht mit unseren Vorstellungen, Erfahrungen und Gefühlen verstehen und müssen mit allzu groben Verallgemeinerungen vorsichtig sein.

Kinder in vorindustriellen Familienverhältnissen

Fragt man danach, wie die Mehrzahl der Kinder in vorindustrieller Zeit aufwuchsen, so wird als erstes offensichtlich, dass das bäuerliche Leben die Kindheit der meisten Heranwachsenden bestimmte. Bis ins ausgehende 18. Jahrhundert waren 80% der Bevölkerung in der Landwirtschaft beschäftigt, um 1900 waren es nur noch 40%, heute sind es unter 10%.[62] Selbstverständlich war es ein Unterschied, ob ein Kind in eine reiche Bauernfamilie hineingeboren wurde oder ob es in einer Tagelöhnerfamilie aufwuchs. Auf dem Lande war die Kindheit deutlich kürzer als in anderen sozialen Milieus, denn das oberste Interesse galt der Hofarbeit.

»In der frühen Kindheit hatten Jungen und Mädchen die gleichen Aufgaben. Nach und nach lernten die Mädchen jedoch spinnen, weben und kochen, während die Jungen pflügten, ernteten und mauerten. Es gehörte zu den weiblichen Pflichten, das Haus sauber zu halten, zu kochen, Wasser zu holen, Feuer zu machen, das Korn zur Mühle zu bringen, Käse zuzubereiten, den Gemüsegarten in Ordnung zu halten und in manchen Gegenden auch Bier zu brauen.«[63] Da allerdings die Frauen auch bei fast allen Arbeiten auf dem Feld mithelfen mussten, waren die Aufgaben in der Kindheit zwischen Jungen und Mädchen noch nicht streng getrennt. Shulamith Shahar verweist als Beispiel einer typischen Mädchendorfkindheit auf die Aussagen, die Jeanne d'Arc vor Gericht gemacht hat: Als Kind habe sie spinnen und nähen gelernt, sie sei aber auch mit dem Vater zum Pflügen gegangen und habe das Vieh auf die Weide geführt.[64]

Die Beschäftigung der Kinder – so Ingeborg Weber-Kellermann – in Haus und auf dem Feld diente der Vorbereitung auf das Erwachsenenleben; Freiräume waren für Kinder sehr rar und in »Erinnerungen an ländliche Umgebung ist oft von dem dauernden Beschäftigungszwang die Rede, mit dem die Eltern ihre Kinder bedrängten und dem Versuch der Kinder, dem zu entfliehen«.[65]

So wurden Jungen und vor allem Mädchen häufig schon in sehr jungen Jahren zum Spinnen angehalten. Die Kinder der Bauern mussten – so Hans Boesch – »auf dem Felde und im Garten helfen und das Vieh hüten, aber auch Sprößlingen des Adels blieb dieses Geschäft nicht erspart. Hans von Schweinichen berichtet, daß er im Alter von neun Jahren Gänse hüten mußte. [...] Der bekannte Karl Heinrich Ritter mußte als Kind im Garten die Blumen begießen, die Beete ausgraben, die Wege machen, die Raupen vom Kohl lesen, Bohnen und Zuckererbsen anbinden, sowie die Tauben füttern und ihr Haus versperren. Außerdem wurde er mit Erbsen- und Linsenklauben und mit Haspeln und Spulen beschäftigt.«[66] Den Kindern – so Boesch – hätten diese Arbeiten oft nicht gefallen, und er berichtet von der fünfjährigen Schwester des Bartholomäus Sastrow, der um 1550 Bürgermeister von Strahlsund war. Das Mädchen hätte mit fünf Jahren schon spinnen müssen und diese Arbeit sei ihr gar hart gefallen. »Als sie einst von einem Reichstag[67] hörte, den der Kaiser ausgeschrieben, und vernahm, daß dort Gesetze beschlossen würden, seufzte sie an ihren Rocken[68]: ›Ach du lieber Gott, wenn sie doch auch ernstlich verordnen möchten, daß so kleine Mädchen nicht spinnen dürfen‹.«[69]

In den Handwerksfamilien wurden die Kinder ebenfalls früh zur Arbeit herangezogen. Die Kinder wurden im Alter von fünf bis sieben Jahren zur Arbeit angehalten und früh in eine »Lehre gesteckt, für die die Eltern Lehrgeld zahlen mußten und während deren Dauer die Lehrlinge zum Haushalt des Meisters gehörten, der auch das Züchtigungsrecht hatte. [...] Die lange Dauer des Arbeitstages im 17. und 18. Jahrhundert, der 13-14 Stunden und mehr umfasste, galt auch für die beschäftigten Kinder.«[70]

Es ist davon auszugehen, dass die Erwachsenen keinen prinzipiellen Abstand zwischen sich und den Kindern wahrgenommen haben. Die Kinder lebten »in einem informellen natürlichen ›Lehrverhältnis‹. Ob dies nun Weltkenntnis oder Religion, Sprache oder Sitte, Sexualität oder ein Handwerk betraf«.[71] Kinder wurden unmittelbar in die Welt der Erwachsenen eingeführt, indem sie das Leben der Erwachsenen teilten und von diesen praktisch durch Vortun, Zeigen, Nachahmen und Ausprobieren all die Dinge, all das Wissen, die Haltungen, Handlungen und Einstellungen, Regeln, Werte und Normen lernten, die den Alltag der Erwachsenen ausmachten. Diese praktische Lebensschule bedeutet nicht, dass es keine Erziehung und kein Wissen über Lernen gegeben hätte. Im Handwerk gab es eine allmähliche Heranführung an das jeweilige Wissen und Können, und auch in der bäuerlichen Gesellschaft wurden die Kinder in Abhängigkeit von Kraft, Vermögen und Verständnis nach und nach in die immer schwerer und verantwortungsvoller werdenden Arbeiten eingewiesen.[72]

Diese spezielle Form der Erziehung und Bildung, das Lernen im tagtäglichen Vollzug unter Anleitung von Erwachsenen, die nicht die Schule als zentralen Lernort in den Mittelpunkt der Kindheit rücken, findet sich in allen sozialen Ständen vom Bauern bis zum Adligen wieder. Es ist das Handlungswissen und das informelle Lernen in unzähligen Alltagssituationen, das die Kinder auf dem Weg ins Erwachsenwerden begleitete.

Das enge Zusammenleben von Kindern und Erwachsenen, zunächst im Kleinkindalter durch eine Phase des Hätschelns beschrieben und später als Phase der »kleinen Erwachsenen«, die je nach Geschlecht, sozialem Stand und eigenem Vermögen an der Erwachsenengesellschaft partizipierten, durchzog die Kindheit aller Stände. Während für die Mehrzahl der Kinder diese praktische lebensnahe Ausbildung die einzige Form des Lernens blieb, wurde für den Adel schon früh eine ergänzende Bildung durch Lehrer wichtig.

Mythos Großfamilie

Allen Kindern gemeinsam war auch ein Leben in sozialen Gemeinschaften, die nicht mit der heutigen Kleinfamilie aus Vater, Mutter und Kind verwechselt werden dürfen. Die klassische heutige Familienform hat sich erst spät in Europa herausgebildet. Mit dem Zerfall des »ganzen Hauses«, einer Lebensform bei der unter männlicher Herrschaft eines Hausvaters mehrere Generationen von Verwandten und nicht blutsverwandten Mägden, Knechten und Bediensteten unter einem Dach wohnten und arbeiteten, entstanden die heutigen Familienvorstellungen.[73] Im Mittelalter und in der Frühen Neuzeit war die große Haushaltsfamilie die dominante Lebensform, die sich in allen Ständen fand und den Alltag der Kinder und ihre Lebenswelt aus gemeinsamem Wohnen und Arbeiten unter einem Dach bestimmte. Allerdings sind auch hier die realen Verhältnisse im Mittelalter und darüber hinaus weit komplizierter, als man zunächst annehmen könnte: So existierten in unterschiedlichen Regionen sehr verschiedene Formen der Haushaltsfamilie und der Familienorganisation.[74] Auch lassen sich ländliche und städtische Haushalte unterscheiden. Festhalten lässt sich für das Mittelalter und hineinragend in die Frühe Neuzeit, dass es in vielen Regionen »zur Aufnahme von Knechten, Mägden, Gesellen, Lehrlingen, Dienstmädchen etc.« kam. »Sie alle gehören nach dem Verständnis der Zeit zur Familie, obwohl sie nicht verwandt sind. Das gilt in gleicher Weise auch für die verschiedenen Formen von Zieh- und Pflegekindern. Für die Familienzugehörigkeit entscheidend ist das Leben unter einem Dach, das Essen an einem Tische, die gemeinsam verrichtete Arbeit – nicht die Abstammung von einem gemeinsamen Ahnherren.«[75]

Allerdings bedeutet die Form der Haushaltsfamilie nicht, dass in vorindustrieller Zeit die Mehrzahl der Kinder in großen, kinderreichen Familien aufgewachsen ist. Die Großfamilie ist keineswegs die »Normalfamilie« vor dem 19. Jahrhundert.[76] Im 16. bis zum 18. Jahrhundert waren im Durchschnitt in England die Haushalte einschließlich Bedienstete 4,75 Perso-

Großfamilie 19. Jh.

nen groß, im 19. Jahrhundert stieg dieser Wert auf durchschnittlich 5,5 Personen, die unter einem Dach wohnten, und sank in der Mitte des 20. Jahrhunderts auf durchschnittlich 3,0 Personen. In Deutschland betrug die Zahl in den 1950er-Jahren ebenfalls 3,0 Personen, und erst in den 1990er-Jahren sank die Personenzahl auf 2,3 Personen im Schnitt, was sich vor allem durch das Wachsen der Einpersonenhaushalte erklären lässt.[77]

Auffallend ist, dass immer wieder Mythen über die Familienkindheit erzählt werden, die sich nicht mit der historischen Realität decken. Diese Familienmythen sind nach Karl Lenz und Lothar Böhnisch die Vorstellungen, dass Familien zu allen historischen Zeiten und in allen Kulturen gleich gewesen seien, sowie, dass in Familien die Menschen immer harmonisch miteinander gelebt hätten.[78] Auch die Vorstellung, dass Großeltern selbstverständlicher Teil der Familie waren, entpuppt sich als Wunschgedanke.

»Am Beginn des 20. Jahrhunderts war es noch selten, dass Kinder gemeinsam mit den Großeltern aufwachsen konnten. Vor allem die Großväter waren bei der Geburt des Kindes häufig schon nicht mehr am Leben.«[79]

Heutzutage ist es keineswegs mehr unüblich, dass Enkel und Großeltern eine lange gemeinsame Lebenszeit erfahren. Bilder von traditionellen Großfamilien, die das enge Beisammensein und innige Großeltern-Enkel-Beziehungen suggerieren, scheinen indes nicht in die heutige mobile Gesellschaft zu passen. Doch die Großelternforschung zeigt, dass räumliche Distanzen nicht zu distanzierten Beziehungen führen müssen. Hier gilt es, bekannte Bilder zu hinterfragen. Selbstständigkeit und Eigenständigkeit im Alter, getrenntes Wohnen von Alt und Jung sind keineswegs einer engen Großeltern-Enkel-Beziehung abträglich.

Großeltern, die sich in engagierter Weise um die Enkel kümmern, die Ansprechpartner, Krisenhelfer oder auch Ersatzeltern sind, tragen vielfach auch dazu bei, die Familiengeschichte, was auch Rituale wie Lieblingsspeisen oder das Feiern des Weihnachtsfestes umfasst, an die jüngere Generation weiterzugeben. Im Sinne einer »guten Kindheit« stellen Enkel-Großeltern-Beziehungen eine Möglichkeit dar, eine vertrauensvolle und innige generationale Begegnung zu gestalten, die wie in Zeiten der großen Haushaltsfamilie mit den engen Kontaktmöglichkeiten zum Dienstpersonal, zu Knechten oder Mägden, eine Beziehung jenseits der Eltern eröffnet.

Gefährdete und bedrohte Kindheiten

Ein bekanntes literarisches Beispiel für eine enge Beziehung eines Kindes zu einem Knecht ist Michel, der in der Geschichte von Astrid Lindgren von Alfred eine Holzbüchse bekommt. Michel ist stark, gewitzt, steckt voller Ideen und macht ständig Unfug. Das bäuerliche Leben, das hier beschrieben wird, ist für Kinder nicht ganz ungefährlich. Der Kopf in der Suppenschüssel kann durchaus auch als kleiner Hinweis auf Gefährdungen im Haushalt gesehen werden, die heutzutage die Mehrzahl von Unfällen in der Kindheit ausmachen. Der Umgang mit Kindern in der vorindustriellen Zeit zeichnet sich durch eine gewisse »lässige Behandlung der Kleinkinder« aus.[80] Kinder mussten »mitlaufen«, und so finden sich eine Reihe von Maßnahmen, die die Kinderpflege für die Erwachsenen vereinfachen sollten. Im Babyalter gab es die Technik des Wickelns, um die Kinder ruhig zu stellen; es gab Gängelbänder, um die Kinder zu führen und zu schützen, und Fallhüte, um die Kinder vor Schaden zu bewahren. Auf Bildern – Ingeborg Weber-Kellermann macht darauf an unterschiedlichen Stellen aufmerksam[81] – zeigt sich, dass Kinder in Haus und Hof großen Gefahren ausgesetzt waren, die durch die Sorglosigkeit der Erwachsenen noch verstärkt wurden. Auf einem Bild von Breughel etwa aus dem 16. Jahrhundert, das eine Jägerszene darstellt, steht ein Kleinkind frierend in unmittelbarer Nähe der Erwachsenen, die mit Feuer und gefährlichen Geräten hantieren, ohne das Kind auch nur zu beachten.[82]

Auch Sprichworte wie »das Kind mit dem Bade ausschütten« oder »das Kind ist in den Brunnen gefallen« machen deutlich, dass der Haushalt ein gefährlicher Ort für Kinder war. Hans Boesch führt einen Holzstich von 1620 an, der die Gefährdungen eines Kindes versinnbildlicht: Das Kind kann aus dem Fenster fallen und ums Leben kommen, es kann in den Brunnen fallen und ertrinken, und es kann von einem Soldaten erschlagen werden.[83] In medizinischen Schriften und in Büßerbüchern ermahnten die Autoren die Eltern und Ammen, »Unfällen bei Klein-

Kinderunfälle um 1600

kindern vorzubeugen«.[84] Zum Beispiel werden in Unfallberichten von amtlichen Leichenbeschauern, »die festzustellen hatten, ob ein Unfall oder ein Verbrechen vorlag«, eine Vielzahl von Unfällen mit Kindern berichtet: Kinder konnten als Säuglinge in der Wiege ersticken, sie konnten durch zu starkes Schaukeln herausfallen; Kinder konnten auf den Boden oder ins Feuer fallen, sie konnten sich als Kleinkinder während der Wäsche mit heißem Wasser verbrühen; Kinder konnten bei den nicht seltenen Hausbränden in den Häusern verbrennen; es fanden sich viele Stürze von hohen Stühlen, von Balkonen, aus Fenstern oder von Treppen. Kinder kamen ums Leben, weil sie »unbedacht Gegenstände in den Mund« nahmen, sich an

Werkzeug wie Äxten verletzten, beim Spielen von Hunden gebissen wurden oder von Pferden mit unvorsichtigen Reitern getötet wurden. Auch kam es vor, dass sich Kinder verirrten oder dass sie im Fluss ertranken.[85]

Eine besondere Gefährdung der Kinder stellte die weitverbreitete hohe Kindersterblichkeit dar. Gestrich u.a. führen für einen schwedischen Ort im späten Mittelalter (1100-1350) eine Kindersterblichkeit von 31% unter einem Jahr an; 60% der Bevölkerung starb bis zum 14. Lebensjahr.[86] Diese hohe Sterblichkeit betraf nicht nur die armen Kinder. »Im gehobenen Bürgertum von Limoges starben zwischen 1350 und 1500 fast 30% aller Nachkommen im Kleinkindalter, weitere 25% als Kinder und Jugendliche.«[87] Diese hohe Mortalität hielt sich in Europa bis ins beginnende 20. Jahrhundert, wurde aber im 19. Jahrhundert immer mehr zu einem Unterschichtenproblem.[88] Festgehalten werden muss aber auch, dass die Kindersterblichkeit regional sehr unterschiedlich sein konnte. In Norwegen betrug die Kindersterblichkeit zum Beispiel im 19. Jahrhundert nur ein Drittel der russischen Kindersterblichkeit.[89] Patrick P. Dunn kommt in seiner Untersuchung der Erziehung im zaristischen Rußland zu dem Schluss, dass es vor allem die negative Einstellung der Erwachsenen zu den Kindern gewesen sei, die für die hohe Kindersterblichkeit verantwortlich gemacht werden könne. Auch hier stellt sich die Frage, wie die Gefühle der Erwachsenen zu den Kindern im historischen Wandel der Kindheit zu beschreiben und zu bewerten sind.

Fragt man nach der guten Kindheit und damit auch nach Umständen, die die Kindheit für die Heranwachsenden zu einer Leidenszeit werden lässt, so können viele Gründe aufgeführt werden, die für schlechte, grausame und schreckliche Kindheiten verantwortlich zu machen sind. In der allergrößten Mehrzahl der Fälle ist davon auszugehen, dass es Erwachsene sind, die die Schuld für das Leiden von Kindern zu tragen haben. Neben dem individuellen Schicksal, das Kinder – und ihre Eltern – ins Unglück stürzen kann, gibt es aber auch Geschehnisse, die die Kindheit einer ganzen Generation bestimmen können. Historisch haben immer wieder Naturkatastrophen wie Dürren, Überschwemmungen, Erdbeben oder Brände Kinder in ihrer Gesundheit, ihrer Entwicklung und in ihrem Leben bedroht. Hungerjahre gehören regelmäßig zur Geschichte der Kindheit, und das zu Beginn zitierte Märchen von Hänsel und Gretel behandelt in eindringlicher Weise, dass sich Erwachsene keineswegs immer für ihre Kinder eingesetzt oder gar aufgeopfert haben. Auch Erfahrungen von Seuchen, die ganze Landstriche entvölkert haben, treffen stets und nicht selten besonders hart Kinder, die weniger Widerstandskraft haben: Pest, Cholera, Pocken, Typhus, Tuberkulose sind einige der Krankheiten, die als Epidemien die Geschichte der Kindheit von arm und reich begleitet haben und erst mit den Fortschritten der Hygiene, der Seuchenbekämpfung, der Impfmedizin und den verbesserten Heilungschancen in den wohlhabenden Staaten eingedämmt werden konnten. Während zwischen dem 14. und 17. Jahrhundert die Pest die

Leitkrankheit war, wüteten Pocken vor allem im 18. Jahrhundert in ganz Europa und waren regelmäßig für »ein Fünftel oder mehr der Verstorbenen« verantwortlich: In »den Städten war jeder zweite Verstorbene ein Kind«.[90] Das Auftreten von Pocken gehörte nicht nur zum Alltag von Kindern und Erwachsenen, sondern war in der Geschichte der Kindheit immer auch eng mit dem Krieg und der Nachkriegszeit verbunden, da schlechte Wohnbedingungen, Hunger, Entkräftung, schlechte Hygienebedingungen, verunreinigtes Trinkwasser den Ausbruch von Seuchen (so auch die Cholera) beförderten. Die letzte große Pockenepidemie in Deutschland trat nach dem Deutsch-Französischen Krieg von 1870-71 auf und forderte viermal so viele Tote wie der Krieg selbst.[91]

Im Folgenden sollen die Gefährdungen jedoch nicht weiter verfolgt, sondern Kindheiten vor gut hundert Jahren näher betrachtet werden. Nach einigen theoretischen Überlegungen werden unter anderem auch Erwachsene zu Wort kommen, die von ihrer kaiserzeitlichen Kindheit berichten, so dass bewertende Sichtweisen, die das subjektive Erleben von Kindheit skizzieren, in den Blick kommen.

Von der Straßenkindheit zur verhäuslichten Kindheit –

Kinderleben um 1900

Kinderleben um 1900 spielte sich nicht nur im Kreise der wohlsituierten Familien mit adligem und (groß-)bürgerlichem Hintergrund ab, sondern auch in ärmlichen und armen Verhältnissen, in denen die Heranwachsenden von Arbeitern und kleinen Handwerkern wohnten, die vor allem die Straße als Lebensraum zu nutzen wussten. »Straßenkindheit« und »verhäuslichte Kindheit« sind, zunächst oberflächlich betrachtet, zwei Begriffe, die zum einen eine außenorientierte und zum anderen eine haus- und familiengerichtete Kindheit genauer zu fassen versuchen. Darüber hinaus kennzeichnen sie eine historische Entwicklungslinie (Zinnecker 2001/ 1979), die einen theoretischen Zugang zur Kindheitsgeschichte erlaubt, der jenseits gern postulierter ›Verlustgeschichte‹ angesiedelt ist. Wenn

Straßenkindheit 1920er-Jahre

hier von Verlustgeschichte die Rede ist, so zielt diese Begrifflichkeit auf emotionalisierte Deutungen, die unter einem großen Schirm versammelt sind und das Ende der Kindheit (Postman 1983) heraufbeschwören.

Von der Straßenkindheit zur verhäuslichten Kindheit beschreibt dagegen nicht den Verlust von Kindheit, sondern den historischen Wandel als zivilisatorische Tendenz. »In der Kindheitsepoche zwischen 1880 und 1920 haben wir es im Bürgertum mit einer bereits weitgehend verhäuslichten Kindheit zu tun, sowohl im privaten wie im öffentlichen Bereich (eigene Schulen, Clubs, Geselligkeiten, die z.T. in vergesellschafteten Innenräumen der Häuser stattfinden).«[92]

Proletarische Kindheiten waren dagegen maßgeblich außenorientiert.

Verhäuslichte Kindheit ist zwar selbstverständlich auf die private Wohnform, die Familienwohnung, das Mietshaus oder das Eigenheim bezogen. Aber in einem weiteren kulturgeschichtlichen Sinne ist hier auch ein öffentlicher Handlungsraum angesprochen, der sich zum Beispiel auf ein Warenhaus bezieht, wie es in der richtungsweisenden Studie von Muchow/Muchow für die Zeit um 1930 beschrieben ist. Mit dem Begriff Straßenkindheit bezeichnet Jürgen Zinnecker einen »Typus von Kindheit«, dessen Wurzeln sich zwar in das späte Mittelalter zurückverfolgen lassen, aber dessen »stärkste Entfaltung [...] mit der Hochphase der Urbanisierung (west-)europäischer Gesellschaften vor und um 1900 verknüpft« ist.[93] Proletarische Kinder, die um 1900 auf engem und engstem Wohnraum lebten, waren in ihren alltäglichen Handlungen auf die Straße verwiesen. Städtische Straßenkindheit in der Hochphase von Industrialisierung und Urbanisierung bedeutete »eine historisch einzigartige Zusammenballung von Kindern auf engem Stadtraum«[94], wobei die Kinder die Quartiersstraßen und Innenhöfe bevölkerten, sowie über einen Streifraum verfügten.

Proletarische Autobiografien etwa geben einen Eindruck der häuslichen Gegebenheiten, die die Rahmung für die Außenorientierung der Kinder, ihre Streif- und Beutezüge, ihre Entdeckungs- und Erkundungsunternehmungen bieten.

»Wir wohnten in einer Stube mit Alkoven. [...] Darin standen für uns drei Bettstellen, eine für den

Vater, der früh um sechs in die Möbelfabrik ging, eine für die Mutter, die das Kleinste, ein Mädchen, zu sich nahm, eine für uns drei Jungen, zwei lagen in der üblichen Kopfrichtung, in der Mitte der dritte, zu Füßen.«[95]

Wurde Heimarbeit ausgeübt, dann diente die Stube gleichzeitig als Arbeitsraum. Kinder, die sich zu zweit oder auch zu dritt ein Bett teilen mussten, was häufig in autobiografischen Erinnerungen genannt wird, konnten der Enge entfliehen, sobald sie sich außerhalb der Wohnstätte aufhielten. Der Hof eines Hinterhauses konnte ebenso zum Aufenthaltsort und zur Spielstätte werden wie Straßen oder Plätze. Paul Löbe etwa beschreibt, wie er als kleines Kind auf dem Erdboden sitzt, der dargestellte Hinterhof in Liegnitz hatte demzufolge keine Pflasterung, und »mit einem abgebrochenen Löffelstiel den Sand zum Spielen zusammenkratzte«.[96] Der Studie von Martha und Hans Heinrich Muchow sind viele kleine Beobachtungen zu entnehmen, die das Verhalten von Kindern in der Großstadt verdeutlichen. Plätze der Erwachsenen (wie der seinerzeit existente Löschplatz in Hamburg/Barmbeck, der Pferdefuhrwerken zur Aufstellung und zum Rangieren diente) werden umgenutzt, und die Kinder entwickeln eigene Praxen, sich auch ohne Spielzeug, aber mit vorhandenen Materialien auszudrücken und zu erproben: »[…] mit der Hand oder mit einem Stock kratzt man Sand oder kleine Steine aus den Ritzen zwischen den Pflastersteinen hervor, um sie dann in das Wasser des Kanals zu werfen und das Aufspritzen zu beobachten«.[97]

Ein typisches Element der verhäuslichten Kindheit ist der von Witterungseinflüssen unabhängige Raum. Villen und großbürgerliche Wohnungen trennten Kinderbereiche von denen der Erwachsenen. Eigene Kinderzimmer stellen gehobene Raumarrangements dar, die bereits im 18. Jahrhundert entwickelt worden waren, allerdings seinerzeit noch längst nicht zur verbreiteten Wohnkultur gehörten. Vorherrschend war vielmehr eine »Kluft zwischen den Überlegungen der Architekten oder der Pädagogen und der gesellschaftlichen und wirtschaftlichen Realität«.[98] In England und Deutschland lässt sich zu Beginn des 19. Jahrhunderts beobachten, dass Kinderstuben Eingang in die Wohnungen fanden. Nach 1870 setzte sich in Frankreich »die Idee durch, daß man dem Kind ein Zimmer zugestehen sollte«.[99] In England war das nursery ein Zeichen gehobenen bürgerlichen Wohnens, und in Deutschland gehörte die Kinderstube zum - wie es Ingeborg Weber-Kellermann sinnbildlich formuliert hat - »blühenden Geist biedermeierlicher Gemütlichkeit«.[100] Diese habe ein bisher »unbekanntes Wohngefühl für die Familie« mit sich gebracht. Im Klima der »nach innen gerichteten Bürgerkultur« konnte dieser neue Raum für Kinder gestaltet werden. »Die Ausgliederung des Arbeitsbereiches aus dem Wohnbereich, wie sie sich nun im städtischen Leben vollzog, begleitete eine deutliche Trennung des öffentlichen vom privaten Leben. Das eine vertrat der Vater, das andere wurde zum Ressort der Mutter und Hausfrau. Die Türen zur Straße schlossen sich, und das Innere des Hauses, der Wohnung wurde zum eigentlichen Gehäuse des familiären Lebens.«[101]

Das Kinderleben erscheint als ein behütetes, gerahmt vom »Glück der schönen Häuslichkeit« – diese heimelig anmutenden Bilder entpuppen sich freilich als normative Vorstellungen, die die »Leitlinie bürgerlichen Wohnens« bezeichneten.[102] Kinder waren nicht nur behütet, sondern auch in weitem Maße kontrolliert. »Individualisierung und Emotionalisierung im familialen Bereich, das Heim als Fluchtpunkt – allerdings nur des Vaters aus seiner Arbeitswelt –, das wurde von den Kindern selten so empfunden, da doch nicht minder das hierarchisch und patriarchalisch geordnete Familienleben ihren Alltag bestimmte.«[103] Kinder waren in der Regel von den Erwachsenen getrennt, und Christa Berg spricht von den »streng reglementierten, sogar terminierten Eltern-Kind-Kontakten in bürgerlichen Familien. Der Vater etwa habe selten den Wohnbereich der Kinder aufgesucht, und Distanz, Autorität sowie auch Angst prägten die Beziehung zum Vater.

Das Idealbild reich ausgestatteter Kinderzimmer weckt freilich andere Assoziationen. Hier geht es freundlich zu, wie die bekannten Abbildungen von Johann Michael Voltz suggerieren. Voltz skizzierte ein Mädchen- und ein Jungenzimmer. In beiden Räumen ist ein Kindermädchen anwesend, das sich mit einem kleinen Kind beschäftigt, während ein anderes hinzukommt. Es gibt Stühle und Tische in Erwachsenenhöhe, aber auch kleine Möbel, die der kindlichen Körpergröße angepasst sind. Im Mädchenzimmer spielen fünf kleine Mädchen mit Puppen und Puppenküche, Wiegen und Wägelchen, und fünf Jungen befinden sich im Knabenzimmer: Ein Schaukelpferd

Johann Michael Voltz (1784-1858). Kinderzimmer für Mädchen

wird geritten, und der kleine Reitersmann verfügt über Säbel und Peitsche. Das Zimmer beherbergt außerdem eine Spielzeugkanone, zwei kleine Holzpferde mit Leiterwagen sowie ein kleines Dorf zum Aufstellen auf einem Spieltisch. Zur Jungenwelt gehört auch ein Vogelbauer. Die Kinderwelten, mit ausgewählten Spielzeugen angereichert, sind ästhetisiert und von Harmonie erfüllt.

Spielerisch sollten sich die Kleinen die geschlechtlich getrennten Welten der Großen aneignen. Das Spielzeug gab die zu lernenden Rollen vor, und den Kindern oblag es, die den Spielmaterialien entsprechenden Handlungen auszuführen. Pferde im Jungenzimmer zielten auf eine erwachsene Pferde-Militär-Verkehrs-Welt, die von Männern bestimmt war. Daher gehören die Pferde, die das ganze 19. Jahrhundert zu Reit-, Fahr- und Transportzwecken militärischer und ziviler Art unverzichtbar waren, zur Ausstattung der Jungen. Kompetenz und Wissen in der Behandlung von Pferden waren zentrale Fähigkeiten und Tätigkeiten, die auch für gehobene männliche Lebensentwürfe gebraucht wurden. Dass Mädchen gerne reiten, was heutzutage zu den gendertypischen Tätigkeiten gezählt wird, war in dieser Ordnung nicht vorgesehen.

Die auf dem Bild von Voltz zu sehenden Kinder haben keinen direkten Kontakt zu ihren Eltern. Mit räumlicher Distanz wird eine Mutter gezeigt, die gerade die Tür zum Kinderzimmer öffnet und einen Napfkuchen in die Stube der Mädchen bringt. Ob es jenseits der versorgenden Tätigkeit einen liebevollen Umgang mit der Mutter gab, darüber gibt die Abbildung keine Auskunft. Ein Vater ist in den jeweils abgebildeten Kinderwelten nicht vorhanden. Die »‹gute Kinderstube‹ als Synonym für klassenspezifische gute Erziehung – aber auch für das Kinderzimmer als Reich des Kindes mit seinen Spielen und seinen typisch kindlichen Beschäftigungen«[104] – war durchaus mit Distanzerfahrungen nicht nur zu Vätern, sondern auch zu den Müttern verbunden. »Sie war weit weg von mir, lebte in einer anderen Welt, in der Damen- und Herrenwelt mit den Abendeinladungen und den Unterhaltungen, die wir Kinder nicht anhören durften«, hält Geno Hartlaub in ihren Erinnerungen fest.[105]

Der Hinweis auf das Idealbild, das mittels der Voltzschen Darstellung Verbreitung fand, impliziert, dass sich in der Lebenswelt der meisten Kinder keine Kinderstuben fanden. »In den einfachen Bürgerfamilien des 17. und 18. Jahrhunderts und erst recht in den Kleinbürger- und Arbeiterfamilien des 19. Jahrhunderts bestand keinerlei finanzielle Grundlage für Kinderstube und Spielzeug.«[106]

Zu differenzieren wäre, dass lediglich kostenintensives Spielzeug im modernen Sinne der Ware nicht vorhanden war. Improvisierte, mit Fantasie gestaltete Spielmaterialien hatten dagegen auch die in einer Studie zur Kindheit in Wiesbaden befragten Straßenkinder.[107] Paul Löbe beschreibt in seinen Erinnerungen gar Weihnachtsgeschenke wie einen Baukasten, der die ansonsten geschenkten nützlichen Dinge zur Freude des Jungen ergänzte.[108]

Die teuren Spielzeuge, über die die wohlsituierten Kinder um 1900 verfügten und die heutzutage so manches Sammlerherz höher schlagen lassen, wiesen nicht selten eine Doppelbödigkeit auf, die es zu berücksichtigen gilt: die Kinderarbeit. Heimarbeit, wie sie etwa für die bekannten Sonneberger Spielzeuge betrieben wurde, hieß in der Spielwarenherstellung Kinderarbeit. »In Heinersdorf (in Thüringen, JB/ BF) ist die Kinderarbeit in jedem Hause zu finden. Häufig werden in den Arbeiterhäusern Waisenkinder in Pflege genommen.«[109] Eine Darstellung des Nachbarortes belegt, dass die Kinder, drei Jungen im Alter von elf bis 13 Jahren, »täglich oft bis nachts 11 Uhr« arbeiteten, ein Schulkind etwa »stempelt in die Maske nach der Schulzeit die für die Exportartikel bekannte Bezeichnung ›Made in Germany‹. Um […] 1,60 Mk. zu verdienen, muss das Kind wöchentlich 30 Stunden mitarbeiten.«

Zeit für kindliche Spiele blieb vermutlich nur den kleinsten Kindern, die noch nicht in den Arbeitsprozess einbezogen werden konnten. Beschreibungen machen deutlich, dass kargste Räume sämtliche Tätigkeiten bündelten: »In der Arbeitsstube stehen zwei Betten. Es wird darin zugleich gekocht. Neben dem Ofen steht die Kiste mit den jungen Ziegen.«[110] An ein Kinderzimmer war in keiner Weise zu denken. Schon ein eigenes Kinderbett hätte einen unvorstellbaren Luxus bedeutet. Das Kinderleben war, wenn es die Zeit zuließ, außenorientiert. Gleichwohl wäre zu vermuten, dass die enge Zusammenarbeit von Kindern und ihren Eltern Formen verhäuslichter Kindheit ermöglichte.

In der Frühzeit der Kinderzimmer wurden die Räume nicht nur zu Spielzwecken im Sinne der idealisierten Voltzschen Kinderstube, sondern auch zum Schlafen genutzt. Diese »kombinierten Schlaf- und Spielzimmer«, die in der Regel mehrere gleichgeschlechtliche Geschwister beherbergten, waren »zumeist ausgestattet mit abgelegten, ererbten und übriggebliebenen Möbeln«.[111] Hier zeigen sich längerfristige Kontinuitäten – war doch eine speziell an kindlichen Bedürfnissen ausgerichtete Einrichtung noch in den 1960er-Jahren keineswegs eine Selbstverständlichkeit.

Wie Interviews zur Kindheit in Wiesbaden in der Zeit um 1900 zeigen, wurde der Straßenraum als Spiel-

und Streifraum von Arbeiterkindern bevorzugt genutzt. Charakteristisch ist, dass sich kindliche Spiel- und Arbeitserfahrungen nicht immer exakt trennen ließen: »In der Erinnerung kann für dieselbe Tätigkeit einmal der Aspekt ›arbeiten‹, ein anderes Mal der Aspekt ›spielen‹ im Vordergrund stehen.«[112] Kinder wussten Wege, die sie für Erwachsene erledigen mussten, durchaus auch als Spielorte zu nutzen.

Herr Scheerer, der als Arbeiterkind in Wiesbaden im Jahr 1900 geboren wurde, beschreibt seine Kindergruppe, die in der Regel aus »zehn, fünfzehn Mann« bestanden habe. Zum beliebten Fußballspielen indes traf man sich in einer kleineren Gruppe:

»Tore hatten wir nicht, da sind zwei Besenstiele hingestellt worden, oder zwei Backsteine, was man hatte. Wir waren so sechs, sieben Jungen, manchmal auch mehr. Wir haben ja nur auf ein Tor geschossen. […] Das war so von der Straße aus. Wir waren immer zusammen.«[113]

Das Zusammensein in der Gruppe machte die Kinder mutig, und viele der befragten Wiesbadenerinnen und Wiesbadener erzählten in den 1980er-Jahren davon, wie sie zu »Kaiser-Wilhelms-Zeiten« am Stadtrand gemeinsam unterwegs waren – immer die Feldwege und Gärten im Blick:

»Im Sommer wurden für die Nachhausewege (von der Schule) Umwege miteinkalkuliert. Je nach Erntezeit wurden die außerhalb liegenden Gärten aufgesucht, um Obst zu stibitzen.«[114]

»Wir sind immer mal Äpfel stehlen gegangen. Äpfel, Birnen, Zwetschen, alles, wo etwas war. Da habe ich immer gesagt: ›Auf, gehen wir da und da hin! Das haben sie auch alle gemacht. [...] Stachelbeeren, Johannistrauben, unten waren die Erdbeeren, sind wir immer mal hin und haben sie gegessen. Ohne zu waschen! [...] Uns hat keiner erwischt!«[115]

Obst klauen war eine beliebte Kindertätigkeit, Frau Herbst erzählte von regelrechten Beutezügen. Man habe kein Geld gehabt, Obst habe man nicht kaufen können. Die Kinder, das geht aus vielen Interviews hervor, waren bestens informiert. Sie wussten Bescheid, wann was wo reif war. Auch Stacheldraht konnte sie nicht abhalten, und die Kinder versuchten, wie ein anderer Erzähler, Herr Lasker, berichtete, per Handleiter darüber zu kommen. Birnen lockten, und Herr Lasker als kleiner Junge mit kurzen Hosen war über den Stacheldraht geklettert, die Schulkameraden passten auf:

»Ei, komm schnell raus, da kommt der Förster! Und ich schnell raus und rutsche ab und reiße mir am Stacheldraht den Daumen auf«[116]

In der Rückschau wird der Obstklau vielfach als Abenteuer beschrieben, das Nervenkitzel und nicht nur Nahrung und Sättigung, sondern auch Genuss versprach. Eine historische Darstellung, die die schlechte wirtschaftliche Situation der Arbeiterkinder als einziges Deutungsinstrumentarium bereithält, verkennt den Genuss, den sich die Kinder zu verschaffen wussten. Verschiedene Obstsorten bescherten nicht nur einen bunten Speisezettel, sondern ermöglichten auch, wenn die Früchte reif waren, eine süße Schlemmerei. Diese illegalen Ernte-Tätigkeiten wurden von den Kindern äußerst ernsthaft verfolgt. Nach der Schule wurden Umwege gemacht und systematisch die Obstgärten, die nicht selten bewacht wurden, aufgesucht. Der beschriebene Obstklau verweist auf Straßenkindheiten von Arbeiterkindern.

Als Kind eines Holzbildhauers wächst der erwähnte Herr Lasker jedoch nicht in einem Arbeiterhaushalt, sondern in kleinbürgerlichen Verhältnissen auf. Seine Kindheit besteht aus einer Mischform von Straße und verhäuslichten Räumen, was typisch für die untersuchten Kleinbürgerkindheiten ist. Hier unterscheiden sich jedoch die Jungen- von den Mädchenkindheiten. Letztere sind nur bis zum Alter von zehn bis zwölf Jahren in der Straßenkindergruppe, danach bevorzugen die Mädchen individuellere Aktivitäten. Mädchen agieren »mit einer besten Freundin; sie werden in einem Verein angemeldet, erhalten Klavierstunde oder schließen sich einer kirchlichen Jugendgruppe an.«[117] In der plutokratischen Gesellschaft der Wilhelminischen Kaiserzeit waren die sozialen Klassen deutlich getrennt, was auch den Alltag der Kinder tiefgreifend bestimmte. So war es für die Kinder aus armen Familien üblich, Kornreste von bereits abgeernteten Feldern zu sammeln. Die Befragten erinnerten sich an das »Stoppeln«. Weite Fußmärsche wurden in Kauf genommen, um die Felder nach übriggebliebenen Resten abzusuchen. Auch kleine Kartoffeln, die die Bauern liegenließen, sammelten die Kinder. Wer sich beeilt habe, der habe etwas zusammenbekommen.

»Wenn wir nichts zu essen hatten, dann haben wir auch Kartoffeln geholt. Wir waren immer so fünfzehn, zwanzig. Wir sind alle noch in die Schule gegangen.«[118]

Herr Karsten, 1910 geboren, weiß noch, wie er als Kind Äpfel und Kartoffeln für seinen Lehrer gesammelt hat. Unterwegs war er in einer kleinen Kindergruppe: Drei bis vier Mann seien sie gewesen, morgens seien sie mit einem schweren Handwagen aufgebrochen und spät am Nachmittag heimgekehrt. Für sie sei auch etwas abgefallen. Die Kinderarbeit, die sich am Rande der landwirtschaftlich orientierten Erwachsenenwelt etablierte, wird aus der Erinnerung als Selbstverständlichkeit beschrieben. Widerstände oder Protest gehen aus den Beschreibungen nicht hervor. Gleichwohl: die Beschreibungen zeugen davon, dass das Stoppeln zügig vonstatten gehen musste und nicht nur nah gelegene Ziele angesteuert wurden, sondern durchaus auch fünf bis zehn Kilometer und mehr zu Fuß zurückgelegt wurden. Im Winter, als die Kinder nicht stoppeln konnten, da hätten sie gerodelt. Spielzeiten waren freilich den arbeitenden Tätigkeiten nachgeordnet.

Im Gegensatz zu den Beschreibungen der Kinderarbeit muten die Kindheitserinnerungen der großbürgerlich aufgewachsenen Frau Baumgärtner geradezu paradiesisch an. Nahrung gab es reichlich, der Garten ihrer Großmutter hatte Gemüse in Hülle und Fülle, eine Laube und ein kleines Wildgehege gehörten ebenfalls zum Ambiente. Frau Baumgärtners Kindheit spielte sich weder in der Kindergruppe noch auf der Straße ab. Das Mädchen wuchs mit seiner Schwester wohl behütet auf. Süßes Obst war reichlich vorhanden, die Kinder litten keinen Hunger, aber Frau Baumgärtner beschreibt ihre Kindheit trotzdem als ausgesprochen arm:

»Wir waren ›arme‹ Kinder. Wir hatten Personal und hatten keine Eltern.«[119]

Eine Amme, ein Mädchen vom Lande, war für das Stillen des kleinen Mädchens verantwortlich gewesen, und die Mutter praktizierte einen gehobenen Lebensstil, der sich – ganz kaiserzeitlich – nicht mit der Versorgung, Pflege und Fürsorge für die heranwachsenden Kinder vereinbaren ließ. Ein Kindermädchen, das als »wahnsinnig streng« beschrieben wird, war für die Betreuung und Erziehung zuständig. Jeden Tag sei der Schlosspark in Biebrich aufgesucht worden.

»Ich hasse den Schlosspark noch heute«, so Frau Baumgärtner im Interview. »Die Schwester und sie »hatten dann weiß gestärkte Kleider an, solche Hüte, die gestärkt waren, so Hüte. Ja, ja, weiße Schuhe, alles weiß, und wir gingen Händchen in Händchen, mussten wir vor dem Fräulein gehen, und die Schuhe [...] wenn andere Kinder so gesprungen sind, das durften wir nicht. So sind wir abends nach Haus, waren die Schuhe noch so weiß wie vorher.«[120]

Im Interview beschreibt Frau Baumgärtner, dass das Foto nicht alles zeigt. Zu der weißen Kleidung mit Hut habe noch ein (seinerzeit moderner) Kunstblumenstrauß gehört. Die erinnerte verhäuslichte Kindheit ist im Unterschied zu den skizzierten Straßenkindheiten streng reglementiert und erfordert von den Kindern eine erhöhte Selbstkontrolle. Von den Füßen bis zum Kopf in weiß gehüllt, musste der Spaziergang ohne Schmutzspuren überstanden werden. Der Bewegungsraum der Mädchen war so reduziert, dass das zu erlernende Verhalten dem der erwachsenen Damen der gehobenen Gesellschaft entsprach. Weckt der Terminus »Gartenkindheit« romantische Assoziationen, dann wäre festzuhalten, dass »geschützte Raumzonen im Freien«[121] nicht unbedingt mit einer behüteten Kindheit gleichgesetzt werden können, die den Kindern Spiel- und Entfaltungsmöglichkeiten ließ.

Gleichwohl gab es auch unbeschwerte Garten-Kinder-Erlebnisse, wie etwa Frau Fischer-Dyck berichtete, die mit einem sehr großen Garten aufwuchs, der nicht nur Pflanzen speziell für die Kinder, sondern auch Spielgeräte aufwies. Nachbarskinder waren willkommen, was die Spielfreude noch erhöhte. Reine Ziergärten, auch das gilt es festzuhalten, ließen dagegen den Kindern kaum Entfaltungsmöglichkeiten. Sie mussten den ästhetischen Vorlieben der Erwachsenen entsprechen.

Frau Baumgärtner, geboren 1904

Krieg als Kindheitserfahrung – ein Thema von historischer und aktueller Bedeutung

Zu den grausamsten Aspekten von Kindheit gehören die Erfahrungen, die Kinder mit Krieg machen müssen. Traumatische Erinnerungen an Kriegserlebnisse können lange Nachwirkungen haben, wie an den vom 2. Weltkrieg betroffenen Kindern deutlich geworden ist. Auf einem Kongress 2005 in Frankfurt zum Thema »Die Generation der Kriegskinder und ihre Botschaft für Europa sechzig Jahre nach Kriegsende« wurde dargestellt, dass auch über ein halbes Jahrhundert nach Ende des Krieges traumatisierende Erfahrungen ihre Spuren in den Biografien, bei den Familien und in der Gesellschaft hinterlassen haben.[122] Aus psychoanalytischer Sicht untersuchte etwa Hartmut Radebold die Langzeitfolgen des Krieges bei den zwischen 1930 und 1945 Geborenen und im Kongressbericht

Trümmerkinder, Berlin, 1945

heißt es: »Mehr als 30 Prozent von ihnen hätten als Kinder und Jugendliche den Verlust und die Trennung von wichtigen Bezugspersonen (insbesondere vom Vater) sowie vielfältige Formen von Gewalt erlebt. […] Bis in die siebziger Jahre hinein seien die Folgen des Krieges in psychologischen Studien tabuisiert worden. Mittlerweile in einem Lebensalter zwischen 60 und 75 Jahren angelangt, brächen nun […] schmerzliche Kindheits- und Jugenderinnerungen wieder hervor. […] Das Thema habe über die individuelle Ebene hinaus auch eine kollektive Tragweite: Die heutigen politischen, wirtschaftlichen und kulturellen Eliten gehören zu einem beträchtlichen Teil diesen Jahrgängen an.«[123]

»Bunkerkinder«, »Trümmerkinder« und »evakuierte Kinder« sind Bezeichnungen, die auf entsprechende kindliche Erfahrungen mit dem 2. Weltkrieg in Deutschland hindeuten. »Grobe Schätzungen für das erweiterte Gebiet des Deutschen Reiches laufen auf eine Dreiteilung der Generation der (deutschen) Kriegskinder hinaus. Während ein Drittel der Kinder direkt und nachhaltig vom Krieg betroffen ist, als belastet bis traumatisiert gelten kann, macht ein zweites Drittel eher indirekte Erfahrungen mit den Kriegsgeschehnissen (etwa durch Einquartierung Fremder oder durch Hungerphasen im Nachkrieg). Ein letztes Drittel der Kinder schließlich bleibt praktisch ohne einschlägige Kriegserfahrungen, lebt mitten im Krieg sozusagen wie im ›Frieden‹.«[124] Vielschichtig und zum Teil ambivalent lesen sich auch Erinnerungen der ehemaligen Kriegskinder an den Bombenkrieg. Für einige Kinder war der Krieg eine »schreckliche« Erfahrung: »Das wussten wir alle, dass es ums Leben ging. Dieses Schutzlossein, dieses Ausgeliefertsein, ganz schrecklich. – Kinder sollten doch eigentlich behütet sein«, erzählt eine 1933 geborene Zeitzeugin vom Bombenangriff auf Essen im März 1943.[125] »Die Angriffe waren so fruchtbar, das kann man gar nicht beschreiben [...] das Häuschen hat geschaukelt.«[126] Als Kinder hätten sie aus Angst um die Mutter, die aus dem Bunker musste, um beim Löschen mitzuhelfen, geschrien. Was geblieben sei von Tieffliegerangriffen, so eine Erzählerin aus Hagen, sei ihre heutige Angst vor Flugzeugen. Aber es gab auch andere Erinnerungen an den Luftkrieg und Erzähler, die ausdrücklich betonen, dass sie nicht traumatisiert worden seien. »Für mich war das nicht beängstigend«, erklärte etwa eine Berlinerin (Jahrgang 1939). Sie fand die »Christbäume«, also die in der Nacht leuchtende Leuchtspurmunition, die den Bombenauswürfen vorausging, »wunderschön« und andere Erzähler berichteten, dass sie Bombensplitter und Glasstücke gesammelt hätten oder zum »Trichterschauen« durch die Stadt gestreift seien.[127]

Der Krieg in Deutschland hat aber im Schicksal der jüdischen Kinder und des Holocaust noch eine ganz andere grausame Wahrheit, die mit dem systematischen Mord und Terror durch den Nationalsozialismus alle Kriegserfahrungen in Deutschland überschattet.

Ein bemerkenswerter Film, der vor dem Hintergrund von drohender Deportation die Geschichte einer Jungenfreundschaft beschreibt, ist der Kurzfilm »Spielzeugland«.[128] Heinrich Meißner und David Silberstein, dessen Eltern als Juden von den Nationalsozialisten in den Tod geschickt werden, sind Nachbarsjungen und enge Freunde. Angst, Verbrechen, Zivilcourage sind einige Themen des Films, der nicht zuletzt auch die Hoffnung transportiert, dass Freundschaft, insbesondere Kinderfreundschaft, hilft, Gewalt, Rassismus und Krieg überwinden zu können.

»Die Mutter«, so ein Bericht über den Besuch eines Zeitzeugens in einer heutigen Schulklasse, »war Jüdin, der Vater evangelischer Sozialist. Im ›arisierten Wohnhaus‹ in der Herzog-Max-Straße wird ihnen Wasser, Strom und Gas abgeschaltet. Dem Terror ausgesetzt und zum Verlassen der Wohnung gezwungen, bringen die Eltern die Kinder (Werner, Ernst und Ruth Grube) in das jüdische Kinderheim in der Antonienstraße in München-Schwabing. Es folgen Maßnahmen systematischer Ausgrenzung durch das nationalsozialistische Regime: Der Besuch von Schulen wird unmöglich gemacht, die Kinder müssen den gelben Stern tragen, die ersten Deportationen setzen ein. 1941 wird seine Freundin Anita deportiert – tagelang weinte der 9-Jährige. Die Nachbarskinder beschimpfen die Kleinen mit ›Saujuden‹ und bespucken sie. So beginnt Herr Grube, 1932 in München geboren, den Klassen 9D, 9E und 9F der Herzog Tassilo Realschule in Erding seine persönliche Geschichte von Beleidigungen, Verlusterfahrungen, Demütigungen, Ausgrenzung, Überlebenskampf und Tod während des Nationalsozialismus zu erzählen.«[129] In einem Krieg sind die Kinder stets Opfer, und es ist auch heute noch eine wichtige pädagogische Aufgabe, über die Generationen hinweg Kindern und Jugendlichen die Erfahrungen mit dem Krieg und dem Holocaust so zu vermitteln, dass sie das Vermittelte verstehen und emotional verarbeiten können. Zeitzeugen, die von ihren Erlebnissen berichten, kommt hier eine wichtige Bedeutung zu. Es ist eine besondere Erfahrung, wenn ein Zeitzeuge in eine Klasse kommt und erzählt. Kindheit erweist sich hier als Brücke zu heutigen Jugendlichen.

Blickt man auf Kinder und Jugendliche, so bekommen Gewalt und Krieg im 20. Jahrhundert ein eigenes Gesicht. Durch die mediale Verbreitung haben sich unzählige Kriege weltweit in die Erinnerung geschrieben, und einige Bilder sind auch nach Jahrzehnten im kollektiven Gedächtnis präsent. Etwa das Bild von

Kim Phúc, die als kleines Mädchen 1972 im Vietnamkrieg schwerste Napalm-Verbrennungsverletzungen erhielt und schreiend über eine Straße läuft.

UNICEF macht heutzutage immer wieder auf die dramatische Lage der Kinder in Kriegsgebieten aufmerksam und zeigt etwa in der Aktion »Kinder im Krieg«, dass auch gegenwärtig der Krieg für Kinder schreckliche Realität ist:

»Fernsehbilder zeigen uns nicht, wie grausam der Krieg für Kinder wirklich ist. Es wäre kaum zu ertragen. Rund 20 Millionen Mädchen und Jungen sind weltweit vor Krieg und Gewalt auf der Flucht. Viele mussten den Tod von Angehörigen und Freunden miterleben. Rund 250.000 Kinder werden als Soldaten missbraucht.«[130] »Millionen Kinder leiden entsetzlich unter den Kriegen der Erwachsenen«, so Sabine Christiansen bei der UNICEF-Weihnachtsaktion 2010[131], »Gezielter Terror gegen Frauen und Kinder gehört immer öfter zur Taktik der Kriegsherren. Kindersoldaten werden unter Drogen gesetzt und müssen manchmal sogar die eigenen Eltern töten.«[132] Auch die systematische Vergewaltigung von jungen Mädchen gehört zu den heutigen Kriegsmethoden, und Kinder leiden noch jahrelang unter den Traumata, unter Entwurzelung, unter dem Leben in Flüchtlingslagern, unter Landminen, Krankheiten und fehlender Schulbildung und einer Hoffnungslosigkeit für ihr weiteres Leben.

Grausame Kriege und Massaker an der Zivilbevölkerung haben sich auch in den letzten Kriegen auf dem Balkan, in Afrika oder in anderen Kriegsgebieten regelmäßig ereignet. Die UN-Konvention über die

Rechte des Kindes hält ausdrücklich fest, dass die Staaten sich verpflichten, die Kinder im Kriegsfall zu schützen. Die in den letzten Jahren zu beobachtenden Gewalttaten gegen die Zivilbevölkerung und speziell gegen Kinder stellen eine Verletzung des Völkerrechtes dar.

Auf dem Europäischen Kongress für Familientherapie und Systemische Praxis 2004 in Berlin wurden beispielsweise Maßnahmen diskutiert, die nötig sind, um kriegstraumatisierten Flüchtlingskindern zu helfen. Andrea Lanfranchi beschreibt in ihrem Vortrag die vielfältigen Anforderungen an die Hilfe: »Neben therapeutischer Hilfe brauchen kriegstraumatisierte Kinder in der ›Fremde‹ ein sicheres und emotional unterstützendes Umfeld. Dazu gehören die strukturgebende Stabilität des Schulalltags und die pädagogische Professionalität von interkulturell kompetenten Lehrpersonen. Dazu gehört auch die Einbeziehung und Beratung der verunsicherten Eltern, was jedoch nicht selten sehr schwierig ist. Eltern von kriegstraumatisierten Kindern sind sehr oft selbst durch Flucht und eigene Traumatisierung beeinträchtigt.«[133] Aber nicht allein durch Flüchtlinge sind Krieg und Kriegskinder in Deutschland auch heutzutage alltäglich präsent. Kinder in mediatisierten Gesellschaften werden in den Medien regelmäßig mit Kriegen und ihren Folgen konfrontiert. Die Bundeszentrale für Politische Bildung hat sich dieses Themas angenommen und verweist darauf, dass es wichtig ist, den heutigen Kindern Angebote zu machen, den Krieg, den sie in den Medien erleben, zu verstehen, zu verarbeiten und stellt ein

Dossier vor, das hier Rat und Anleitung gibt:

»Krieg ist Kinderalltag. Täglich hören Kinder und Jugendliche Opferzahlen im Radio, fangen Geschichten aus Gesprächen auf, sehen Fernsehbilder von Terror und Katastrophen. Die Krisen der Welt lassen sich schon lange nicht mehr aus unseren Kinderzimmern sperren. Umso wichtiger ist es, die Kinder mit den Fragen und Ängsten nicht allein zu lassen. In drei Kapiteln erschließt das Dossier dazu die Erlebnisse und Bildwelten der Kinder. Es stellt Kindernachrichten aus der ganzen Welt vor und gibt Medienmachern, Eltern und Pädagogen Richtlinien an die Hand, wie sie Kindern beim Umgang mit Kriegsbildern helfen können.«[134] Neben einer Verhinderung von Krieg und der ethischen Forderung, Zivilisten und vor allem Kinder nicht zum Ziel von Kriegshandlungen zu machen, ist also die kognitive und emotionale Verarbeitung von Krieg für eine »gute Kindheit« von entscheidender Bedeutung. Während von früheren Kindergenerationen bekannt ist, dass Heranwachsende versuchen, den Krieg im Spiel zu thematisieren[135], und die Kinder in den 1950er-Jahren teilweise noch vom Kriegsspiel »fasziniert waren« und Relikte des Krieges in ihren Spielen verarbeiteten[136], gerät die Frage der Be- und Verarbeitung von Krieg durch Kinder im Laufe des 20. Jahrhunderts in Vergessenheit und das kindliche Kriegsspiel wird von Eltern und Pädagogen vor allem deshalb kritisiert, weil es in Verdacht steht, Gewalt in den Kindern hervorzurufen, obwohl Untersuchungen zur Kindheit eine solche Wirkungsthese stets in Frage gestellt haben.[137] Pädagogisch gesehen wird deutlich, dass Kindern Ausdrucksformen und Möglichkeiten gegeben werden müssen, Erfahrungen mit, Vorstellungen von und Ängste vor Gewalt (und Krieg) zu thematisieren und zu bearbeiten. Hier fehlen für Kinder heute Angebote. Hervorzuheben ist in diesem Zusammenhang die Veröffentlichung von Karin Richter und Leonore Jahn, die das Thema des Trojanischen Kriegs für das Grundschulalter aufbereitet haben.[138] In neuer Weise wird damit der mediatisierten Kindheit und der Tatsache, dass Kinder heute schon früh mit Themen wie Gewalt und Krieg konfrontiert werden, Rechnung getragen. Auch das Thema Holocaust, das lange nicht für Kinder geeignet schien, wird heute in unterschiedlicher Form kindgerecht aufbereitet, etwa in der Kinderliteratur von Mirjam Pressler im Roman »Malka Mai« (2011) oder in Bilderbüchern, wie beispielsweise in »Rosa Weiss« von Roberto Innocenti (2006).[139]

Kinderwelten in Erinnerungen an die 1950er- und 1960er-Jahre:

Familiale Gedächtniskulturen in West- und Ostdeutschland

Politisch gesehen unterschied sich die Kindheit in der DDR grundsätzlich von der Kindheit in der Bundesrepublik, was im Hinblick auf das Kinderleben in einem Unrechtsstaat, in der Diktatur, in der Demokratie ausführlich behandelt werden müsste. Im Folgenden aber wird ein anderer Weg beschritten. Gerahmt von einigen ausgewählten Daten und Fakten sollen vor allem Zeitzeugen zu Wort kommen.

Zu Beginn des 21. Jahrhunderts, über zwanzig Jahre nach dem Fall der Mauer, erweist sich das Nachdenken über Kindheit als wichtige Form der generationalen Begegnung und des Dialogs zwischen West und Ost. Es stellt sich die Frage, ob im Prozess des Zusammenwachsens ein Dialog über Kindheit nicht ein guter Ansatzpunkt der Begegnung von Menschen mit sehr unterschiedlichen Biografien wäre.

Differenzen zeigen sich etwa in unterschiedlichen Familienidealen und Frauenbildern. Während die Hausfrauenehe das Leitbild im Westen war, das durch die restaurative Politik von Franz-Josef Wuermeling, dem ersten Familienminister der jungen Republik, gestützt wurde, war die Erwerbsarbeit die gesellschaftlich als wertvoll erachtete Tätigkeit der Frauen in der DDR. In der Bundesrepublik Deutschland durften Frauen bis 1958 nicht ohne die Zustimmung ihres Ehemanns erwerbstätig sein. Frauen in der DDR sollten dagegen nicht auf die Rolle der Mutter und Hausfrau beschränkt sein – das Ziel war die werktätige Mutter. 1950 lag der Anteil der berufstätigen Frauen in der DDR bei 49 Prozent, 1989 waren es über 90 Prozent.

Das sozialistische Familienideal, die Krippenerziehung oder auch die Pionierorganisation (1948 gegründet, 1952 erhielt sie den Namen Ernst Thälmann/die Jungpioniere, 1. bis 3. Schuljahr, und Thälmann-Pioniere, 4. bis 7. Schuljahr) betonten die Arbeit für den Sozialismus. Die Wertschätzung der Arbeit sollte auch Erziehungsgegenstand in den Familien sein. Laut Familiengesetzbuch sollten die Kinder »zu aktiven Erbauern des Sozialismus« (§ 3,1) erzogen werden. Kinder sollten sich die Arbeit für das Kollektiv und den mit ihr verbundenen Fleiß zu eigen machen. Häusliche Arbeiten sollten von den Kindern ebenso übernommen werden wie Dienste in der Schule oder Pioniertätigkeiten wie das Sammeln von Altpapier.

DDR-Kinderkrippe, 1946

Ein literarisches Beispiel, das als positives Kindheitsbild in vielen Erinnerungen ehemaliger DDR-Bürger präsent ist, ist das bekannte Kinderbuch »Timur und sein Trupp« des sowjetischen Autors Gajdar. Timur, in der Geschichte eine Halbwaise, und seine Freunde helfen selbstlos. Sie setzen sich für das Gute ein. Dieses Kindheitsbild fiel spontan vielen Erwachsenen ein, die im Kontext des Lehrforschungsprojekts »Zeitreise in die Kindheit« zu ihrer Kinderzeit in der DDR der 1950er- und 60er-Jahre befragt wurden.[140] Pioniere, die gesellschaftlich nützliche Tätigkeiten erbringen sollten, sammelten zum Beispiel Schrott und halfen in der Landwirtschaft. »Nicht die Kinder überlegten sich, welche Arbeiten für die Gemeinschaft ihnen wichtig erschienen, sondern die Schwerpunkte und Pläne ihrer Tätigkeiten wurden ihnen vorgeschrieben. Individuelle Ideen, eigene schöpferische Kreativität und Spontanität waren in diesem Ordnungskonzept nicht von Bedeutung«, schreibt Anja Hildenbrandt, eine ehemalige Studentin und Mitwirkende des erwähnten Lehrforschungsprojekts, die Erwachsene interviewte und damit konfrontiert wurde, dass in den Kindheitserinnerungen in der Regel nicht die staatlich gewünschte Pflichterfüllung kritisch thematisiert worden ist. Vielmehr sei der Stolz auf die Leistungen und das soziale Engagement den Befragten in positiver Erinnerung geblieben.[141]

Es geht hier nicht darum, die Kindheiten in Ost und West gegenüberzustellen, zu gewichten oder gar zu bewerten. Befragungen zur Kindheit in der Landwirtschaft etwa zeigen, dass die Mitarbeit der Kinder auch in Westdeutschland selbstverständlich war. Das Leben sei von ständiger Arbeit geprägt gewesen, Kinder gingen mit auf die Felder, erledigten Stallarbeiten und halfen im Haushalt mit. Die für den Westen gern allgemein konstatierte Hausfrauenehe hatte freilich für die Landwirtschaft jener Jahre keine Gültigkeit. Befragungen, die zum ländlichen Alltag in Hessen durchgeführt wurden, zeugen von der körperlich harten Arbeit der Frauen. Insbesondere in kleinen und mittleren Landwirtschaften, in denen die maschinelle Ausstattung nur zögerlich Einzug nahm, waren Frauen auf dem Feld, im Stall und im Haus tätig. Oftmals wurden die Arbeiten in mühevoller Handarbeit erledigt. Hochschwanger, so berichtete eine Kleinbäuerin, sei sie noch kurz vor der Geburt auf allen Vieren über das Feld gekrochen und habe Rüben geerntet. Kleine

Kinder seien oft am Feldrand abgelegt worden, größere waren in die Arbeitsabläufe der Erwachsenen integriert.[142]

West- und ostdeutsche Kindheitsräume unterscheiden sich in Bezug auf die Rahmungen, die durch die demokratische und sozialistische Ordnung gegeben waren, gravierend. Ohne Schwierigkeit lassen sich zum Beispiel einerseits eine sich entwickelnde Konsumkindheit und andererseits eine Pionierkindheit beschreiben. Polarisierend stehen sich die Individualisierung von Lebensverläufen und die »Durchstaatlichung der Lebensbedingungen«[143] gegenüber. Politische und historische Bewertungen von Demokratie und Diktatur sind in ihren Dimensionen für die Kindheitsgeschichte noch nicht abgeschlossen, und die subjektiven Deutungen von Kindheit lassen sich solchen Zuordnungen nicht ohne Weiteres unterordnen. Im Gegenteil: Die Erinnerungen erweisen sich als sperrig. Qualitative Untersuchungen, die zum Aufwachsen in Westdeutschland und in der DDR[144] der 1950er- und 60er-Jahre durchgeführt worden sind, zeigen daher nicht nur Trennendes,[145] sondern in der Zusammenschau überraschend viel Gemeinsames: Zeitzeuginnen und Zeitzeugen beschrieben ihre Kindheit etwa mit zahlreichen Entbehrungen, mit Not- und Mangelerfahrungen, mit Erlebnissen des Besserwerdens und auch freien Spielwelten. Auf der Ebene der lebensweltlichen Erinnerungen lassen sich Vorannahmen, die von einer überwiegend kontrollierten Ost- und einer zunehmend freien West-Kindheit ausgingen, nicht bestätigen. Befragte in West und Ost berichten von der Respektsperson, die der Lehrer dargestellt habe: So finden sich in den DDR-Schulerinnerungen neben sehr positiven Schulerlebnissen auch drastische Schilderungen, wie staatskonformes Verhalten erzwungen wurde; der Lehrer als »Staatsfunktionär«[146] wirkte grundsätzlich auf die Gestaltung von Kindheit ein. In West-Erinnerungen ist dagegen von Situationen die Rede, in denen die Lehrer mit größter Selbstverständlichkeit prügelten. Respekt konnte indes auch die emotional positive Lehrerbeziehung meinen. Viele West- und auch Ost-Kindheitserinnerungen zeugen von Strafen, die im Elternhaus praktiziert wurden. Aber insgesamt gesehen sprechen die Kindheitserinnerungen noch eine andere Sprache. Kinder suchten sich ihre Freiräume, was, wie noch gezeigt wird, die Bewertung von Kindheitserfahrungen aus heutiger Sicht entscheidend prägt:

»Es gab auch körperliche Strafen, aber nicht so, dass ich ein großes Problem damit hätte. […] Die Mutter hat das gemacht.«

(Herr Gutenberg, 1947 geb., Bundesrepublik Deutschland.)

»Wenn wir mal erwischt wurden, auf frischer Tat, dann gab's auch um die Ohren. Das gehörte dazu, das hat man als Kind hingenommen. Und ein bisschen Nervenkitzel war das halt. Weniger vom Vater als von der Mutter, auch von der Großmutter, aber wenn der Vater zulangte, dann langte er kräftig zu.«

(Herr Häßler, 1946 geb., Bundesrepublik Deutschland.)

»Meinem Vater ist manchmal, wenn man ihn gereizt hat, die Hand ausgefahren. Prügelstrafe aber gab es nicht.«

(Frau Heubach, 1945 geb., DDR.)

»Ich kann mich entsinnen, dass mich meine Mutter im Schlafzimmer einsperrte. Das Schlafzimmer, in dem ich mit meiner Oma geschlafen habe. […] Alles war dunkel, und ich habe verzweifelt nach der Türklinke gesucht. Ich habe gebrüllt wie am Spieß. Richtig drastische Strafen! Von meiner Mutter.«

(Frau Hinrichs, 1950 geb., DDR.)

»Es gab auch die Prügelstrafe für seltene und besondere Vergehen. Es gab ein Rohrstöckchen, das wurde an einer bestimmten Stelle aufbewahrt. Als wir noch kleiner waren, gab es mal eine Tracht Prügel auf den Hintern.«

(Herr Heubach, 1943 geb., DDR.)[147]

In den Interviews fällt auf, dass die Befragten sich jedoch nicht immer mitteilten und auch davon berichteten, dass sie manches verdrängt oder vergessen hätten. Eine Emind-Untersuchung aus dem Jahr 1955 stellte seinerzeit fest, dass viele Jugendliche (west) »dort verstummen, wo sie aufgefordert sind, Kritik zu üben. Sich kritisch über Schule zu äußeren, seinem Ärger über erwachsene Personen freien Lauf zu lassen, sich in umstrittene Fragen einzumischen – all dies würde der konventionellen Anstandserziehung widersprechen«.[148] Individuelle Gründe für das Schweigen der Jugendlichen lassen sich nicht rekonstruieren. Zinnecker spricht hier von einer »positiven Umgangsregel der Zeit«; die Heranwachsenden sollten sich zurückhalten, zu »bestimmten Dingen schweigen und das Urteil bzw. die Rede darüber den Älteren überlassen.«

Auch heutzutage wird im Interview nicht alles erzählt und an so manchen Stellen geschwiegen. Die kindlichen Welten erschließen sich nicht immer, wenn man sie verlassen hat. Vieles erscheint aus Erwachsenensicht unbedeutend zu sein, Kinder können überfordert und unterschätzt werden, ohne dass dies den Erwachsenen immer bewusst ist. In der Zeit des Aufbruchs nach dem Ende des 2. Weltkriegs waren Kinder zunächst mit den Kriegsfolgen konfrontiert. Die Befragten berichteten von Kindheitserfahrungen, die an vielen Stellen sehr an die Straßenkindheit erinnern, die im Kontext der Ausführungen zum Kinderleben um 1900 bereits beschrieben worden ist. In den 1950er-Jahren allerdings lässt sich das Ende der Straßenkindheit beobachten. Kinder spielten im Regelfall draußen, und es war ihnen seinerzeit noch möglich, sich auch über längere Zeiträume ohne die Kontrolle von Erwachsenen zu bewegen. Zeit war »noch ein überwiegend freies Gut der Kinder«.[149] Aus Kindheitserinnerungen geht zum Beispiel hervor, dass verbotene Orte wie Ruinen aufgesucht wurden, um dort in der Kindergruppe zu spielen. »Verstecken und Gefangennehmen mit Einsperren«, ein Brachgelände wurde zum Bau von Buden genutzt:

»Einmal«, so eine Erzählerin, die 1948 geboren wurde und ihre Kindheit in Duisburg verbrachte, »wurde von einem entfernten Friedhof Erde angeliefert, in der sich noch Knochen befanden.«[150]

Die Kinder hätten versucht, ein Skelett zusammenzusetzen. Eine Mutprobe habe darin bestanden, über einen mit Fäkalien gefüllten Bach zu springen. Eine »Freundin fiel hinein und musste stinkend nach Haus laufen. [...] Die Eltern hatten nicht die Angst, wie man die heute hat – meiner Tochter würde ich das nicht erlauben.«[151]

Unter Berücksichtigung der Tatsache, dass sich erinnerte Lebensgeschichte und damit auch Kindheitsgeschichte aus der Perspektive von Erinnerungen nicht eignen, die Wahrheit über vergangene Situationen zu erfahren, ist es nicht von Bedeutung, ob die Friedhofserde tatsächlich menschliche Knochen enthielt oder nicht. Entscheidend ist vielmehr die erinnerte Deutung und Bewertung der Situation. Diese Beschreibung, der ohne Mühe zahlreiche weitere an die Seite gestellt werden könnten, zeigt, dass die Kinder in der Gruppe und als Gruppe agierten, während Erwachsene keine Rolle spielten. Die Kinder hatten eigene Praktiken mit ihrer Umgebung umzugehen und konnten sich, was aus der Beschreibung des Skelettbaus und des Mut-Sprungs hervorgeht, eigene Abenteuer verschaffen. An anderer Stelle erwähnt die Erzählerin, dass sie knapp einen halben Kilometer vom Elternhaus entfernt spielen durfte, so weit sei der Streifraum gegangen. Treffen der Kinder seien noch spontan ausgemacht worden, die heutige Terminkindheit, die sich dadurch auszeichnet, dass die Kinder ein zuvor festgelegtes Nachmittagsprogramm haben, dessen Einhaltung zeitlichen Regeln folgt, war seinerzeit noch unvorstellbar.

Aus der Perspektive der biografieorientierten Kindheitsforschung ist es wichtig festzuhalten, dass die Kindheit der 1950er- und 60er-Jahre im Familiengedächtnis auch zu Beginn des 21. Jahrhunderts präsent ist und Wirkung entfaltet. Die älteren Generationen, die Großeltern und Eltern, vergleichen ihre Kindheitserlebnisse und -erfahrungen mit denen der jüngeren Generation. Wenn die Lebenswelt erforscht wird, dann erlangen auch die kleinen Dinge eines vergangenen Alltags einen zentralen Stellenwert. Untersuchungen machen deutlich, dass Kindheitserfahrungen in der Zeit des Aufbruchs der 1950er- und 60er-Jahre entscheidende Referenz- und Bezugspunkte bilden, die Erwachsene heutzutage nutzen, um das aktuelle Kinderleben zu beschreiben. Als Muster erzählter Kindheit[152] lässt sich der Vergleich bezeichnen: Die Kindheit der älteren Generationen wird mit der Kindheit heutiger Kinder in Beziehung gesetzt und bewertet, Ähnlichkeiten und Unterschiede werden benannt. Manchmal sind es detaillierte erläuterte Differenzerfahrungen, manchmal aber auch nur kleine sprachliche Hinweise, die die Vergleiche sehr verkürzt andeuten. Sätze wie »wir mussten mehr arbeiten« beinhalten durch den Komparativ einen Vergleich zu heute. Vergangene Kindheitserfahrungen gehen in die Bewertung des aktuellen Kinderlebens ein. Dieses Muster erzählter Kindheit kann weitreichende Konsequenzen haben, etwa dann, wenn die heutige Kindheit negativ und mit großen Bedenken als reine Medienkindheit beschrieben wird. Letztere impliziert, dass Kinder (ganz anders als früher) nur noch vor dem Bildschirm sitzen, was im öffentlichen Diskurs als Verlust und damit als Beweis gedeutet wird, dass sich nicht nur die Praxen, sondern auch die Werte heute gänzlich verschoben haben.

Wenn über die eigene Kindheit erzählt wird, dann werden in der Regel Bewertungen vorgenommen. Jenseits eventuell vorhandener leidvoller Erfahrungen wird die Kindheit in der Regel positiv bewertet. Die »schöne Kindheit« erwies sich in der qualitativen Untersuchung »Kinderwelten aus Elternsicht«[153] als zentrales Erzählmotiv. Auch Kinderfotos visualisieren in der Regel eine schöne Kindheit. Es gibt eine Erzählkultur, in die sich die Erinnerungen einreihen, und es gibt offensichtlich eine Erzählnorm, die den schönen Erzählungen aus der Kindheit eine besondere Bedeutung zuspricht. Die schöne Kindheit erscheint in den Erzählungen, und zwar unabhängig von den Wechselfällen der Lebensgeschichte, als Vergewisserung eines positiven Beginns, der nicht zuletzt helfen kann, mit Verletzungen umzugehen. Eine glückliche Kindheit kann ein Trost in einem Leben als Erwachsener sein, welches sich ansonsten durch Anstrengungen und vielleicht auch Ängste auszeichnet. Erzählungen von schönen und glücklichen Kinderjahren skizzieren eine unbeschwerte Zeit des Aufwachsens. Folgende Kommentare, die von verschiedenen Personen stammen, die zu ihrer Kindheit in den 1950er- und 1960er-Jahren interviewt worden sind, zeigen, dass negative Erinnerungen durchaus zur insgesamt positiven Bilanzierung der Kindheit gehören können:

»Das sind also ganz schöne Erinnerungen, die ich habe« oder »Ich hatte eigentlich eine sehr schöne Kindheit, ich war Einzelkind, und ja« oder »Die Kindheit verlief im Grunde genommen zum Positiven« oder »Es waren sicherlich auch einige Sachen, die unangenehm waren, aber im großen und ganzen war das eine Kindheit, die ich auch meinen Kindern wohl eher gewünscht hätte.«[154]

Die bilanzierte positive Sicht auf die eigene Kindheit konnte durchaus von sehr negativen Erinnerungen begleitet sein. Eine sehr harte Kindheit schildert zum Beispiel Frau Weber, eine heutige Fußpflegerin, die 1951 im Marburger Umland zur Welt kam. Sie habe in ihrer Kindheit immer nur Angst gehabt, wegen jeder Kleinigkeit sei sie geprügelt worden, und Hausarrest sei alltäglich gewesen. Trotzdem bilanziert sie ihre Kindheit als »sehr schön«.

In der Kinderwelt, zu der die Erwachsenen keinen Zugang hatten, war sie glücklich. Mit ihrer Freundin konnte sie stundenlang in einer Spielwelt versinken. Mit einfachsten Mitteln hätten sie Kaufladen und Gärtnerei gespielt. Das Nähkästchen war die Kasse, und die Knöpfe wurden als Zahlungsmittel genutzt. Die kindlichen Spiele ließen die Härte der Mutter vergessen, so dass die Erzählerin in der Rückschau zu einer positiven Bewertung ihrer Kindheit kam.

Die familienzentrierte Kindheit in der DDR wurde von der überwiegenden Mehrheit der Frauen und Männer, die innerhalb des oben genannten Projekts befragt wurden, als positiv erinnert. Oft wurde die Mutter besonders hervorgehoben, aber auch solche Väter, die keine Zeit für ihre Kinder aufbrachten, fanden unerwartet positive Erwähnung. Großeltern oder andere Verwandte sind in liebevoller Erinnerung geblieben, wenn sie sich um die Kinder kümmerten. Das Adjektiv »schön« wurde für sehr unterschiedliche Erlebnisse verwendet. Frau Peters etwa bezeichnete ihre Kindheit als schön und führte in diesem Kontext das Mittagessen auf, das es täglich gegeben habe, sowie die Unterstützung der Eltern bei den Schularbeiten (geb. 1943, DDR). Frau Gommel erinnert sich an die schönen Sonntage. Vormittags seien sie und ihre zwei Geschwister mit dem Vater unterwegs gewesen, es wurde Roller oder Fahrrad gefahren oder auch geangelt. Die Mutter habe währenddessen gekocht, nachmittags sei die gesamte Familie spazieren gegangen. »Da mussten wir uns ganz besonders schön anziehen und durften uns nicht schmutzig machen. Da gab es die weißen Kniestrümpfchen und die neuen Lackschuhe. Das war so richtig Tradition und fast ein kleines Heiligtum, ein Ritual« (geb. 1925, DDR).

Das letzte Zitat ist nicht zuletzt wegen der Bewertung des Spaziergangs aufschlussreich. Das Nichtschmutzig-machen-Dürfen und die besondere Kleidung werden hier nicht als Einschränkung, sondern als besonderes Erlebnis beschrieben. Im historischen Vergleich zur kaiserzeitlichen Kindheitserinnerung von Frau Baumgärtner, die, wie erwähnt, mit dem Kindermädchen täglich in weiß einen kontrollierten Spaziergang absolvieren musste und eine von ihr abverlangte Distanz zu den Eltern hatte, steht hier die emotionale Nähe zu den Eltern im Vordergrund. In ihrer gering bemessenen freien Zeit präsentierte sich die Familie Gommel gemeinsam in der Öffentlichkeit. Die weiße Kleidung wurde also sowohl positiv als auch äußerst negativ beschrieben, was auf die versagte und die erfahrene Elternliebe der beiden Mädchen zurückzuführen ist. Es kann also von einer longue durée im Zusammenhang mit dem kindlichen Wunsch nach Nähe zu den Eltern gesprochen werden.

Das bereits mehrfach genannte Jenaer Erinnerungsprojekt hatte neben der Buchpublikation vor allem den Transfer wissenschaftlicher Arbeit in Form einer Ausstellung von erinnerter Kindheitsgeschichte zum Ziel. Die Präsentationen von Ost-Kindheitserinnerungen im Rathaus der Stadt Erfurt und in der Goethe-Galerie Jena führten zu einem überraschenden Dialog über die politischen Systeme hinweg. Zahlreiche Besucherinnen und Besucher zogen Verbindungslinien zu ihrer Kindheit in der Bundesrepublik. Im Gästebuch der Ausstellung[155] werden etwa West- und Ost-Erfahrungen in Beziehung gesetzt:

»Auf einer Durchreise haben wir uns mit Interesse ihre Ausstellung angesehen. Es erinnerte auch an unsere Kindheit und war sehr informativ. Wir kommen aus Krefeld, dem Rheinland.«

»Ich habe heute die Ausstellung besucht und finde sie sehr umfangreich und interessant. So war das Leben. Ich bin Thüringer und habe Vieles so erlebt.«

»Wiedersehen mit der Kindheit! Obwohl im Westen aufgewachsen in den 50ern, kommt mir doch vieles bekannt vor. Die Unterschiede zwischen Ost und West waren jedenfalls damals, mit Kinderaugen betrachtet, nicht besonders groß.« – »Auch ich hätte bei vielen Fotos und Exponaten nicht entscheiden können, ob sie aus meiner westlichen Kindheits-Zeit stammen.«

»Ich bin in Eschwege aufgewachsen, komme also ›von drüben‹. So viel anders war auch meine Kindheit nicht, immer draußen mit anderen Kindern und mit zwei in den Kindergarten. Organisierte Freizeiten wurden von der Kirche angeboten oder über das Rote Kreuz. Da herrschte dann auch Zucht und Ordnung! ›Täglich eine gute Tat‹, kenne auch ich. Die Deutsche Wanderjugend oder der Micky Maus-Club hatten auch solche Ziele. Meine Eltern mussten sich auch alles erarbeiten und hatten nur am Sonntag viel Zeit für mich – dann aber richtig mit wandern und spielen.«

Wenn Grunert und Krüger schreiben, dass es eine »Freizeit und Kulturindustrie, die mit der Entwicklung in Westdeutschland vergleichbar gewesen wäre« in der DDR nicht gegeben habe und weiterreichende Überlegungen über die Differenzen der Kindheit in West und Ost anstellen, so ist dies historisch und auch soziologisch korrekt.[156] Die hier dargestellten Kindheitserinnerungen lassen jedoch noch eine weitere differenziertere Deutung zu, die mit der Perspektive der Differenz ausgeblendet bleibt. Kindheitsgeschichte auf der Ebene von biografischen Erinnerungen vermag Verbindendes hervorzubringen. Für diese Sichtbarmachung geteilter Kindheitserfahrungen in politisch getrennten Lebenswelten ist lebensgeschichtliche Erinnerung zentral. Das Verbindende bietet nicht zuletzt auch in der Begegnung unterschiedlicher Generationen Anschlussmöglichkeiten für Dialoge.

Erziehungsaufbrüche –

Von der Erziehung zur Beziehung

Aufbrüche in der Erziehung nach den restaurativen Tendenzen in der Bundesrepublik der 1950er-Jahre sind mit den ausgehenden 1960er-Jahren verbunden. Für die Generation der »68er« war die Zeit des Nationalsozialismus durch die Elterngeneration und die eigene Erziehung unmittelbar präsent. Erziehungsfragen waren im Sinne einer Verbindung des Privaten mit dem Politischen zentral, wenn es darum ging, die »Entstehung des autoritären Charakters durch Erziehung« (Adorno) zu verhindern. »Die Erziehung zum faschistischen Staat, die menschenverachtende militaristische Erziehung für Jungen und die Mutterideologie für Mädchen, die Ausbeutung des Gemeinschafts- und Geselligkeitsbedürfnisses, das ›Erziehungsprinzip‹ von Führung und Gefolgschaft/ Gehorsam, die Betonung

von Körperlichkeit letztendlich zur Wehrertüchtigung und zur Gebärfähigkeit, kurz: die gesamte braune Ideologie hat nur eine Antwort verdient, nämlich Theodor W. Adornos Forderung, es habe oberstes Ziel aller Erziehung zu sein, daß Ausschwitz nicht noch einmal sei.«[157]
Das Feld, das sich in diesem Kontext für die Gestaltung einer »guten Kindheit« öffnete, ist mit pädagogisch-politischen Entwürfen, Diskussionen und Praxen verbunden, die die Ich-Stärke der Kinder fördern wollten und ihr Recht auf eine freie Entwicklung forcierten. Die Gründung von Kinderläden, Elternkollektiven oder auch die Betonung der antiautoritären Erziehung stellten eine radikale Abkehr von traditioneller Erziehung dar und hebelten auch klassische Formen der Kleinkinderziehung aus. Es kommt einer Initialzündung gleich, als Helke Sander in ihrer Rede des »Aktionsrates zur Befreiung der Frauen« auf der 23. Delegiertenkonferenz des SDS in Frankfurt (1968) spricht und keinen Zweifel daran lässt, dass die Erziehung und die Situation der Frauen verändert werden müssen. Die (autonome) Frauenbewegung entfaltet Schubkraft, die zum Beispiel auch die Studentinnen in den 1980er-Jahren beflügelte und nicht zuletzt etwa in der Gründung zahlreicher Eltern-Kind-Gruppen und in freien Schulen ihren Niederschlag fand.

Kinderladen-Kinder sollten Freiheiten bekommen, Prinzipien und überkommene Strukturen sollten sich ändern. Kinder sollten zum Beispiel ein Recht auf freies Spiel haben, die rigide Reinlichkeits- und Sexualerziehung wurden kritisiert, Strafen sollten ab-

68er-Kindheit

geschafft und die Kinder in ihrer Selbstentfaltung gestärkt werden.[158]

1967 wurde der erste Kinderladen in Frankfurt gegründet, weitere Gründungen folgten in Berlin und anderen Großstädten. Die Befreiung der Kinder erschien für die Kritiker grenzenlos. Euphorische Bejahung traf auf rigorose Ablehnung, was sich auch in der Wahrnehmung und Rezeption von Alexander Neill und seiner Schule »Summerhill« niederschlug. Neill, der ein Bestseller-Autor in der neuen pädagogischen Szene war, habe als »enfant terrible der zeitgenössischen Pädagogik« gegolten, und in Deutschland »entbrannte eine erbitterte Diskussion um Erziehungsstile«.[159]

In öffentlichen Debatten wurde die antiautoritäre Erziehung diskutiert und nicht selten mit einem Erziehungsstil verwechselt, der vermeintlich alles zu erlauben schien. Unklarheit und Verwirrung stellten sich ein. Eine repräsentative Umfrage aus dem Jahr 1973 ergab, dass 38% der Bevölkerung den Begriff »antiautoritäre Erziehung« so deuteten, dass darunter ein »partnerschaftliches Verhältnis« zu sehen sei. 39% bewerteten jedoch die »antiautoritäre Erziehung« gänzlich anders. Sie meinten, diese Art der Erziehung bedeute »Kinder machen [zu JB/ BF] lassen, was sie wollen.«[160] Die antiautoritäre Erziehung erhielt in dieser Zuweisung von grenzenloser Willensfreigabe der Kinder eine negative Konnotation und Stigmatisierung. Speziell die ältere Generation, so lässt sich hier festhalten, tendierte dazu, die von ihnen wahrgenommenen Änderungen in Fragen der Erziehung kritisch zu beurteilen.

»Je jünger die Befragten, um so mehr sahen sie darin das partnerschaftliche Verhältnis; und je älter, um so häufiger betrachteten sie antiautoritäre Pädagogik als eine Variante des Laissez-faire-Stils«.[161] Das Missverständnis, das »antiautoritäre Erziehung« mit Laissez-faire verwechselte, als Machen-lassen, was die Kinder wollen, hat, so vermuten wir, auch dazu beigetragen, dass der Aspekt der mangelnden Kontrolle auf Seiten der Kinder besonders betont wurde. Weniger Beachtung findet dagegen die elterliche Perspektive. »Die Erziehung kann behütend und liebevoll, aber auch eine solche sein, bei der die Eltern hauptsächlich mit sich selbst beschäftigt sind und sich durch das Gewährenlassen von Freiheiten der Verantwortung für die kindliche Entwicklung entziehen.«[162]

Wie Jutta Ecarius in Bezug auf die Formulierung von Erziehungsstilen anmerkt, sind bis heute im Prinzip »die drei Prototypen von Baumrind« aus dem Jahr 1966 gültig. Baumrind hatte seinerzeit den permissiven Erziehungsstil von einem autoritären und einem autoritativen unterschieden.[163]

Befehlsstrukturen, Kontrolle und die Lenkung durch die Eltern kennzeichnen den autoritären Erziehungsstil; der autoritative lässt den Wünschen von Kindern Raum und formuliert gleichzeitig klare Grenzen. Eltern begründen ihr Verhalten. Der permessive Stil bezieht sich auf die einzuräumenden Freiheiten, das Gewährenlassen.

Eine Bremer Jugendstudie aus dem Jahr 1968 zeigt, dass die Strenge von Erziehungsvorstellungen bei Jugendlichen seinerzeit zwar auf breite Akzeptanz stieß (gut 20%). Doch die festen Konzepte einer strengen Erziehung waren ins Wanken geraten: Die Vorstellungen einer liberalen, toleranten und demokratischen Erziehung überwogen (37%).[164]

Deutlich kommt der gesellschaftliche Wandel von Erziehung auch im Vergleich von Jugendstudien aus dem Jahr 1962 und dem Jahr 1983[165] zum Ausdruck. In beiden Fällen wurde 16 bis 18-Jährigen die Frage gestellt: »Welche Erziehung würden Sie bei Ihren Kindern für richtig halten?« Die Antworten zeigen eine deutliche Verschiebung der Machtbalancen zwischen Eltern und Kindern in nur wenigen Jahren. Kinder sollten, darin bestand große Einigkeit, mehr Freiheiten bekommen, während der elterliche Wille nicht mehr allein das Verhalten der Kinder bestimmen sollte. »Eine Erziehung, bei der Kinder sich nach dem Willen der Eltern zu richten haben« wurde im Jahr 1962 noch von 30% der Jugendlichen für richtig gehalten – im Jahr 1983 sind es nur 3% der Befragten. Das Leitbild einer freiheitlichen Kindererziehung dagegen wurde 1962 von nur 9% der Befragten, aber im Jahr 1983 von gut einem Viertel aller Befragten befürwortet. Die Mehrzahl aller Jugendlichen entschied sich für eine Erziehung, »bei der auch die Kinder manchmal ihren Willen durchsetzen dürfen (60% im Jahr 1962, 71% im Jahr 1983).«

Aus heutiger kindheitssoziologischer Perspektive lässt sich hier von einer forcierten Modernisierung der Kindheit sprechen. Kindheit war und ist einem Wandel unterworfen, der vor allem zu veränderten Eltern-Kind-Beziehungen geführt hat. Wenn zu Selbstständigkeit erzogen werden soll, wenn im Konfliktfall nach gemeinsamen Lösungen gesucht wird und die Kinder mitreden sowie eigene Meinungen vertreten dürfen, so sind die Kriterien von guter Kindheit in einem partnerschaftlichen Generationenverhältnis zu sehen.

Der Wandel vom Befehls- zum Verhandlungshaushalt, der von der erwachsenenorientierten autoritären Familie hin zu einer kindorientierten partnerschaftlichen Familie führt, ist nicht vorstellbar ohne die tiefgreifende Veränderung der Geschlechterbeziehungen. Die Hausfrauenehe mit dem Mann als Ernährer, die auf ein lebenslanges Zusammenleben ausgerichtet war, gründete sich auf klare Rollenaufteilungen, Rollenbilder und Machtverhältnisse. Die Kinderwagen, die die Mütter schoben, zeigten die Mädchen in rosa, die Jungen in himmelblau. Die Diskussion um die Frauenrolle führte auch zu einer Diskussion über das, was angeboren und anerzogen ist. So heißt ein populärer Slogan der 1970er-Jahre nach einem Buch von Ursula Scheu: »Wir werden nicht als Mädchen geboren, wir werden dazu gemacht« (1977). Noch war eine alleinerziehende Mutter ein Makel, und Ehemänner in den 1970er-Jahren waren durchaus noch stolz darauf, wenn ihre Frau – wie es hieß – nicht arbeiten musste. Hier hat sich Grundlegendes geändert. »Anfang der 90er-Jahre können es über 80% der deutschen Frauen zwischen 20 und 39 Jahren ›gutheißen, wenn eine Frau ein Kind alleine haben und erziehen will, aber keine dauerhafte Beziehung mit einem Mann eingehen möchte‹.«[166] Aufbrüche waren vielfältig, was an vielen Stellen sichtbar wird: Frauengruppen zum Beispiel bildeten sich, in denen theoretische Texte zur Emanzipation gelesen und das Ende polarer Geschlechtsrollen gefordert wurde. Verhütung und Abtreibung waren wichtige Themen. Die Unterdrückung der Frauen, die Ungleichheit und Benachteiligung in zentralen gesellschaftlichen Bereichen wurden angeprangert und führten zu Forderungen, die auch heutzutage im Zeitalter von gender mainstream nicht umgesetzt sind.

Die Veränderung der Geschlechterverhältnisse, die vor allem von Frauen betrieben wurde, ist auch im Kontext von Individualisierung und Pluralisierung der Lebens- und Familienverhältnisse zu sehen. Heutzutage werden weniger Kinder geboren, die großen Kindergruppen, die auf den Straßen anzutreffen waren, sind verschwunden. Eine hohe Scheidungsrate und eine große Vielzahl unterschiedlicher Familienformen gehören zur Alltagsrealität vieler Kinder. Kinder heute sollen Wunschkinder sein, und das Eltern-Kind-Zusammenleben wird zu einem emotionalen Glücksprojekt über die Generationen hinaus.

Sexuelle Gewalt –

Sexueller Missbrauch von Kindern

»In den Industrieländern«, so meldet UNICEF, «ist die Zahl der Todesfälle durch Misshandlungen und Vernachlässigungen […] gesunken«, körperliche Disziplinierungsmaßnahmen in Schulen sind vielfach verboten (102 Staaten) und auch Schläge in der Familie sind, wie die erste weltweite UN-Studie zu Gewalt gegen Kinder zeigt, heutzutage längst keine Selbstverständlichkeit mehr.[167] Während viele Gewalttaten gegen Kinder in der Öffentlichkeit angeprangert und zur Sprache gebracht werden konnten, zu denken ist etwa an prügelnde Erwachsene, war der Missbrauch von Kindern lange Zeit eine Gewaltform gegen Kinder, die im Verborgenen ausgeführt und nicht zuletzt auch in der öffentlichen Wahrnehmung relativiert wurde. Täter wurden, wenn überhaupt, verwarnt, von einer Gemeinde oder Schule zu einer anderen versetzt, ohne dass es weitere Konsequenzen für die Täter oder Hilfen und Unterstützung für die Opfer gegeben hätte. Obwohl der Missbrauch von Kindern allgemein verurteilt wurde, wurde seine Existenz immer wieder geleugnet oder verharmlost und zum Beispiel der »gute Ruf« der Institutionen vor das Kindeswohl gestellt. Diese Praxis der kollektiven Verdrängung, der Leugnung, des Schweigens und der Angst war – wie wir heute wissen – jahrzehntelang für unterschiedliche Internatsschulen grausame Realität und betraf auch Eltern, die ihre Kinder in diese Einrichtung schickten:

»Die Einblicke in manche Familien, die sich in den Siebziger- und Achtzigerjahren den Aufenthalt ihrer Kinder an der Odenwaldschule leisten konnten, wirken oft wie eine Expedition in eine emotionale Antarktis«, schreibt Giovanni di Lorenzo. »Wenn diese Kinder [...] missbraucht wurden oder miterlebten, wie Mitschüler missbraucht wurden, dann taten sie einen Teufel, sich zu Hause auszusprechen. Dazu fehlten Vertrauen und Nähe.«[168]

Findet das Leiden kein Gehör, dann wiegt gerade diese Verbindung von Gewalt und Abhängigkeit der Opfer von den Tätern besonders schwer. Pädagogischer Eros, der bei Bekanntwerden des Unfasslichen als Erklärung diente, entpuppt sich in diesem Kontext als Rechtfertigung mit Legitimierungspotential. Der Marburger Erziehungswissenschaftler Benno Hafeneger betont, dass wir es mit einer »Pervertierung pädagogischer Absichten und mit Macht- und Abhängigkeitsverhältnissen zu tun« haben.[169] So können auch »reformpädagogische Einrichtungen«, das hat die konkrete pädagogische Praxis gezeigt, »als verschworene Gemeinschaft mit einem sexuellen Ausbeutungssystem versehen« sein.[170] Klar muss sein, dass es einen deutlichen Unterschied zwischen den erotischen Beziehungen von Erwachsenen und einer sorgenden Liebe zu Kindern gibt, die sich ausschließlich am Wohl der Kinder misst.

Auch in Familien oder Stieffamilien ist Missbrauch besonders grausam, weil die Kinder der Situation hilflos ausgeliefert sind und die Gewalt gerade von denen ausgeht, die eigentlich die Kinder schützen sollen. Wenn Männer, die die Mehrzahl der Täter bilden, die Abhängigkeit der ihnen anvertrauten Schützlinge zur Befriedigung der eigenen Triebe, Begierden und Perversionen ausgenutzt haben, dann ist in der Regel Schweigen, Verschweigen und Verharmlosen die Folge.

»Sexueller Missbrauch von Kindern kommt in allen Lebensbereichen vor. Da er im Verborgenen geschieht und die Betroffenen von den Tätern zum Schweigen gedrängt werden, ist das tatsächliche Ausmaß nur schwer zu erfassen. Nach der von UNICEF unterstützten ersten UN-Studie zu Gewalt gegen Kinder werden weltweit rund 150 Millionen Mädchen und Jungen zum Geschlechtsverkehr gezwungen.«[171]

Missbrauch von Kindern ist ein Verbrechen. Erwachsene, die Jungen oder Mädchen zu sexuellen Handlungen zwingen oder verführen, üben Gewalt gegen Kinder aus und fügen ihnen schweren seelischen

Schaden zu. Zumeist sind die Täter aus dem unmittelbaren Umfeld der Kinder und der Missbrauch geht häufig mit einem Vertrauensbruch und mit Schuldgefühlen von Seiten der betroffenen Kinder und späteren Erwachsenen einher.[172]

»Die Langzeitfolgen reichen von Depressionen, Ängsten, Panikattacken, Schlafstörungen und aggressivem Verhalten bis hin zu Selbstverletzungen, zermürbenden Erinnerungen, immer wiederkehrenden Suizidgedanken, Essstörungen, Drogenkonsum. Viele der Betroffenen haben Schwierigkeiten, sich auf Beziehungen einzulassen und sexuelle Probleme - überhaupt etwas zu empfinden.«[173]

Die Therapeutin Tonia Schiftan (1988), die mit Opfern von sexuellem Missbrauch arbeitet, beschreibt aus ihrer Praxis, dass die Langfolgen sehr spät eintreten können:

»Sie ticken jahrelang, manchmal jahrzehntelang unbemerkt vor sich hin (...) bis irgendetwas auf den ersten Blick völlig Neutrales (...), das kann ein Bild sein, eine Berührung, ein Geruch, ein Musikstück, ein Satz, ein Wort, plötzlich die Bombe hochgehen lässt.«[174]

In ihrem Abschlussbericht 2011 betont die unabhängige Beauftragte zur Aufarbeitung sexuellen Kindesmissbrauchs, Christine Bergmann, dass Kinder »meist ein Leben lang unter den Folgen sexuellen Missbrauchs« leiden.[175] Das Leiden der Betroffenen müsse anerkannt werden, und sie müssten nachhaltig Hilfe und Unterstützung erhalten. Der Abschlussbericht macht weiter deutlich, wie tiefgreifend und umfangreich diese Gewaltform in unsere Gesellschaft hineinragt und wie sie hinter einer Mauer des Schweigens, die eine eigene Form von weiterer Gewalt darstellt, versteckt wurde. Allein zwischen April 2010 und März 2011 gingen »mehr als 13.000 Anrufe und Briefe [...] ein. Davon waren 4.573 inhaltlich auswertbar.«

Über die Hälfte der betroffenen Kinder wurde im Umfeld der Familie missbraucht, ein Drittel in Institutionen. Weitere 9% wurden im weiteren sozialen Umfeld Opfer von sexueller Gewalt und 7% wurden von Fremdtätern missbraucht. Im Fokus der Öffentlichkeit standen vor allem Internate und kirchliche Einrichtungen. In den Briefen und Telefonaten, die bei der Beauftragten in einem Jahr eingingen, kommt diesen Einrichtungen ein großes Gewicht zu.

»Am häufigsten wurden Missbrauchsfälle im Zusammenhang mit kirchlichen Einrichtungen (63%) beschrieben. Dabei wurde von insgesamt 45% Missbrauchsfällen im Zusammenhang mit der katholischen Kirche berichtet: 30% in nicht näher bestimmten katholischen Einrichtungen, 9% in katholischen Schulen und 6% in katholischen Heimen. Von 14% der Missbrauchsfälle wurde im Zusammenhang mit evangelischen Einrichtungen berichtet: 11% in nicht näher bestimmten Einrichtungen, 1% in Schulen und 2% in Heimen. Bei weiteren 4% Missbrauchsfällen in kirchlichen Einrichtungen wurde kein Bezug zur Konfession hergestellt. Von Missbrauch wurde auch in medizinischen Einrichtungen (Krankenhäusern, Arztpraxen, Praxen für Psychotherapie) und in Sport- und anderen Vereinen berichtet.«[176]

Wie groß das gesellschaftliche Problem des Missbrauchs von Kindern und seiner Verdrängung aus der Öffentlichkeit ist, zeigten auch die Gespräche mit Betroffenen, die deutlich gemacht haben, dass die Nicht-Anerkennung und die Nicht-Hilfe und Nicht-Aufarbeitung die Opfer nach der Tat zu einem zweiten Mal zu Opfern einer Gewalt der Schweigens werden lassen.

In einem Forschungsprojekt des Deutschen Jugendinstitutes (DJI München) wurde 2011 mittels einer repräsentativen Erhebung der Frage der «Sexuellen Gewalt gegen Mädchen und Jungen in Institutionen« nachgegangen. Das Ergebnis ist erschreckend: Die heutigen pädagogischen Institutionen sind – so der Bericht des DJI – massiv mit Verdachtsfällen von Missbrauch beschäftigt. Schulen waren in den letzten drei Jahren laut der bundesweiten Befragung zu 43%, Internate zu 40% und Heime sogar zu 70% »mit Verdachtsfällen auf sexuelle Gewalt – in welcher Form auch immer – [...] konfrontiert.«[177] Viele der genannten Taten sind – laut Bericht – »strafrechtlich nur schwer fassbare Vorwürfe wie Berührungen am Körper und/oder verbale sexuelle Übergriffe [...]. Für die Heime wird jedoch angegeben, dass in rund 20% der Fälle eine Penetration erfolgt sei.«[178] Mädchen sind von sexueller Gewalt stärker betroffen, und die Aufdeckrate liegt nach Einschätzung von Experten bei rund 50 bis 70%, wobei die meisten Taten erst aufgedeckt werden, wenn die Opfer schon erwachsen sind. Das heißt, dass kindliche Opfer von sexueller Gewalt in der Regel mit ihrem Leiden allein sind und alleine gelassen werden.

Kai-D. Bussmann weist auf die Problematik des Anzeigeverhaltens hin: »Im Unterschied zu anderen Delikten gilt auch bei Kindern, je gravierender der sexuelle Übergriff, desto unwahrscheinlicher wird eine Strafanzeige.«[179] Grundsätzlich, also bezogen auf Gewalt in Familien, seien »von allen Familienmitgliedern Kinder« besonders betroffen, sie treffe »das höchste Viktimisierungsrisiko«.[180] Dass die vermehrte öffentliche Diskussion, die gegenwärtig zu beobachten ist, dazu beträgt, die Kinder besser zu schützen, das bleibt zu hoffen.

Medienkindheit

Mit Entstehung der Neuen Medien am Ende des 20. Jahrhunderts hat sich auch die Kindheit grundlegend verändert. Vielfach wird heute von einer Medienkindheit gesprochen, das heißt, dass Kinder heute große Teile ihres Lebens vor und mit Medien verbringen. Die Kindheit unterliegt wie das Leben der Erwachsenen auch einer zunehmenden Mediatisierung: In vielen Bereichen des Alltags, beim Einkaufen, Arbeiten, in der Freizeit, beim Banking, beim Spielen und Lernen, bei der Unterhaltung mit Freunden, dem Suchen nach Informationen, dem Austausch von Musik oder Fotos spielen die Medien eine immer größere Rolle. Das Handy, die Spielekonsole und das Internet gehören heute ebenso zur Kindheit wie das Radio, das Buch und das Fernsehen.

Die Verbreitung digitaler Medien und der breite Zugang von Kindern zu den Erwachsenenmedien haben in den letzten Jahren bei vielen Eltern, Pädagogen, Politikern und Jugendschützern zu großer Besorgnis geführt. Neil Postman hat, wie bereits kurz erwähnt, Anfang der 1980er-Jahre vom »Verschwinden der Kindheit«[181] gesprochen, das von den elektronischen Medien verursacht würde. Da Kinder heute alle Informationen bekämen, die auch Erwachsene hätten, würde die seit dem Mittelalter entstandene Trennung der Welt der Kinder von der Welt der Erwachsenen zunehmend aufgelöst. Aus heutiger Sicht wird deutlich, dass das Fernsehen und die digitalen Medien keineswegs die Kindheit zum Verschwinden gebracht haben, wie Postmans kulturpessimistische These prophezeit hatte. Vielmehr ist eine neue eigene mediale Kinderkultur mit Kinderfernsehen, Kindercomputerspielen und eigenen Internetseiten für Kinder entstanden. Außerdem hat sich in der Kindermedienforschung deutlich gezeigt, dass Kinder anders als Erwachsene fernsehen[182]; Kinder sind an anderen Dingen interessiert als Erwachsene und sie erleben und beurteilen Medieninhalte anders. Zum Beispiel haben Kinder einen eigenen Humor und finden andere Dinge lustig als Erwachsene. Kinder sind heute aber auch über das, was in der Welt passiert, besser informiert, als es ihre Eltern noch in ihrer eigenen Kindheit waren. Auch die Tatsache, dass Sechs- bis Dreizehnjährige »Wetten, dass« mögen, dass sie »Gute Zeiten, schlechte Zeiten«, »Germany's Next Topmodel« oder »Deutschland sucht den Superstar« als

Lieblingssendungen angeben[183], heißt nicht, dass hier Kindheit entschwindet. Kinder haben auch zu früheren Zeiten neben ihrem Interesse für Kinderangebote den Erzählungen der Erwachsenen gelauscht.

Die digitale Medienkindheit beginnt heute schon mit der Geburt[184], und in den letzten Jahren hat sich nicht nur das Fernsehen für Kinder unter sechs Jahren entwickelt, sondern es sind auch eine ganze Reihe von kindgerechten Internetangeboten für Vorschüler auf den Markt der Kindermedien gekommen, so etwa die »Seite mit dem Elefanten« vom WDR oder das Internetangebot »Kikaninchen«, das vom Kinderkanal bereitgestellt wird. Viele der neuen Angebote für Kinder – dies lässt sich als Trend festhalten – sind deutlich bildungsorientiert und möchten den Kindern Lernmöglichkeiten vor und neben der Schule eröffnen. Diese neue Bedeutung von Bildung, die sich auf alle Lebensbereiche der Kinder bezieht, kann als Chance der neuen Medienkindheit verstanden werden: Kinder, die die Welt entdecken wollen, können heute auf ein breites Angebot zugreifen.

Die neuen Medienangebote sind aber auch mit Gefahren verbunden, so warnt Manfred Spitzer[185] vor Entwicklungsbeeinträchtigung durch einen hohen Medienkonsum, und das exzessive Computerspielen steht in Verdacht, bei Problemgruppen zu Sucht zu führen und Neigungen zur Gewalt zu verstärken. Auch die mit den neuen Medien verbundenen Bildungschancen gilt es zu differenzieren: Kinder aus unterschiedlichen sozialen Milieus nutzen die Medien in sehr verschiedener Weise, und es muss davon ausgegangen werden, dass die Mediatisierung der Kindheit zu neuen sozialen Ungleichheiten führt.[186] Kinder aus schwächeren sozialen Milieus nutzen Medien eher exzessiv, zeigen problematische Medienvorlieben etwa für stereotype Heldenbilder, neigen eher zu Scheinwelten, können schlechter positiven Nutzen aus den Medien ziehen und werden weniger in ihren Elternhäusern in diesen problematischen Nutzungsformen korrigiert.[187] Hier deuten sich wichtige pädagogische Aufgaben der Begleitung und Unterstützung von Kindern und ihren oftmals überforderten Eltern an.

Heutzutage ist eine Vielzahl von Initiativen entstanden, die vor den Gefahren im Netz warnen und Möglichkeiten aufzeigen, pädagogisch sinnvoll mit den Medien umzugehen.[188] Auch Medienpädagogik und Jugendschutz haben längst auf diese neuen Gefahren reagiert. Im Bereich der Kindermedien finden sich eine Reihe von Qualitätsinitiativen, die sich für die Entwicklung und Verbreitung qualitätsvoller Angebote für Kinder einsetzen.[189]

Charakteristisch für die heutige Medienkindheit ist, dass wir es mit einem raschen Wandel zu tun haben. Zum einen entstehen neue Angebote auch für Kinder etwa in Form von Mitmachnetzen, in denen Kinder aktiv Inhalte online stellen können oder sich am social network beteiligen können.[190] Neben den vielfältigen Möglichkeiten, soziale, mediale, kulturelle und kognitive Kompetenzen auszubilden und Selbstwirksamkeit zu erleben, kommen durch diese neuen Medienangebote auch neue Herausforderungen auf Kinder und Erziehungsverantwortliche zu, etwa was die Frage des Persönlichkeits- und Datenschutzes, die Wahrung der Privatsphäre und den Umgang mit der eigenen Identität im Netz angeht. Hinzu kommt die Entwicklung, dass die Medien immer weiter zusammenrücken. Immer mehr Medieninhalte finden sich auf verschiedenen Plattformen; Kinder, die sich etwa für ein Thema wie Tiere interessieren, verfolgen dies im Fernsehen und im Internet. Kinder sind es zunehmend gewohnt, verschiedene Medien nebeneinander zu nutzen, und ein Gerät wie das Handy, das immerhin über die Hälfte der heute Sechs- bis Dreizehnjährigen bereits im eigenen Besitz haben[191], wird oftmals nicht nur zum Telefonieren, sondern auch zum Versenden von SMS, zum Musik hören, zum Anschauen von Fotos und Filmen oder zum Surfen im Internet genutzt. Diese Form der Medienkonvergenz wird in Zukunft noch stärker die Kindheit bestimmen.

Bei der Betrachtung der Medienkindheit heute, der Abwägung der Chancen und Risiken und der Diskussionen der pädagogischen Konsequenzen darf nicht vergessen werden, dass es nicht die Kinder alleine sind, die Medien nutzen. Vielmehr leben auch und vor allem die Erwachsenen intensiv einen Medienalltag. Erwachsene zum Beispiel sehen in der Regel deutlich mehr fern als Kinder. Während 2010 die Drei- bis Dreizehnjährigen am Tag im Schnitt 93 Minuten fernsehen, kommen die 30-49-Jährigen auf 224 und die über 50-Jährigen auf 290 Minuten.[192]

Dass die Kinder weniger als die Erwachsenen fernsehen, mag auch daran liegen, dass Kinder neben der Schule vielfältige Interessen haben, dass sie in der

Regel Vieles und viel Unterschiedliches in ihrer freien Zeit unternehmen. So geben 91% aller Sechs- bis Dreizehnjährigen an, dass sie ein- oder mehrmals in der Woche draußen spielen, und 52% aller Kinder sind jeden Tag draußen. Auch Sporttreiben ist für Kinder wichtig, 70% gehen regelmäßig zum Sport.[193] Auch lesen die Hälfte aller Kinder regelmäßig ein Buch, und viele Erwachsene sind erst durch den Boom von Harry Potter darauf aufmerksam geworden, dass heutige Kinder auch intensiv lesen (können). Allerdings gibt es auch hier große soziale Unterschiede. Wichtig zu vermerken ist auch, dass die Mediatisierung der Kindheit keineswegs zu einer Vereinsamung der Kinder geführt hat. Kinder treffen sich heute regelmäßig mit ihren Freunden (94%), sie stehen mit anderen Kindern auch medial in Kontakt und tauschen sich mit ihren Freunden intensiv aus. Hier gilt es also bekannte Stereotypen zu hinterfragen.

Kinder heute sind mit Mediengeräten in der Regel sehr gut ausgestattet und leben vielfach in Haushalten, in denen Medientechnik selbstverständlich ist. In fast allen Haushalten finden sich Fernseher, Radio, DVD-Spieler, CD-Spieler, Handy und Festnetztelefon. Auch der Computer mit Internetanschluss gehört in neun von zehn Haushalten zum Standard (KIM 2010). Daneben finden sich in hohen Prozentzahlen Digitalkameras (83%), Spielekonsolen und MP3-Player (je 71%). Aber nicht nur im Haushalt, auch im Kinderzimmer hat die Veralltäglichung digitaler Geräte ihre Spuren hinterlassen: Viele Kinder verfügen über eigene Geräte; an erster Stelle steht der CD-Spieler, gefolgt von der Spielekonsole und dem Handy. In 45% aller Kinderzimmer findet sich heute ein eigener Fernseher, und eins von zehn Kindern im Alter von sechs bis 13 Jahren hat bereits einen Internetanschluss im eigenen Zimmer. Bei allen Bedenken und trotz einer kontroversen Diskussion um die Medienkindheit sind somit viele Eltern der Meinung, dass der persönliche Besitz von Medientechnik für Kinder unverzichtbar ist, selbst wenn Gefahren mit der Nutzung verbunden sind. Bei aller Widersprüchlichkeit heißt das in der Bilanz, dass eine gute Kindheit für viele Eltern auch mit dem Besitz von medialer Technik verbunden ist. Viele Eltern sehen den Umgang ihrer Kinder mit Medien als eine wichtige Erziehungsaufgabe. Rund 80% aller Eltern geben an, dass sie mit ihren Kindern Absprachen über die Nutzungsdauer einzelner Medien treffen.[194]

Eltern ist die schulische Laufbahn ihrer Kinder besonders wichtig, wobei die kindliche Mediennutzung auf der familiären Risiko- und Sorgenliste nicht oben angesiedelt ist, sondern auf Platz neun steht[195], was auch damit zusammenhängen mag, dass die Risiken und Gefahren im Bereich der Mediennutzung in der Regel nicht so virulent sind wie Probleme in der Schule oder Gefährdungen im Straßenverkehr.

Fragt man nach dem Interesse der Kinder, stellt man fest, dass Serien im Fernsehen eine hohe Bedeutung haben und dass Kinder vor allem Kindersendungen auf SuperRTL und dem Ki.ka schauen. Kinder suchen action und Unterhaltung, lieben witzige Zeichentricksendungen[196] und suchen Identifikationsfiguren. Mädchen und Jungen haben dabei unterschiedliche Präferenzen, so spielen Jungen vermehrt an den Spielekonsolen und orientieren sich an Actionthemen und -helden, während die Mädchen mehr lesen. Gefahren, die mit der Mediatisierung verbunden sind, lassen sich zwar aufzeigen, aber viele Erwachsene haben diffuse Ängste vor den neuen Medien, ohne dass sie hinreichend informiert sind.[197] Probleme in der Nutzung dürfen aber nicht verharmlost werden: So treffen sechs- bis dreizehnjährige Jungen und Mädchen in ihrer Internetnutzung auf Inhalte, die für sie nicht geeignet sind: 54% geben an, bereits auf Erotik oder Pornografie gestoßen zu sein, 20% haben ungewollte Prügel- und Gewaltszenen gesehen, und 9% waren mit Horrorvideos konfrontiert, und ein nicht unbeträchtlicher Teil dieser Kinder äußerte, dass ihnen diese Erfahrungen unangenehm waren oder auch Angst gemacht haben.[198]

Auch die Bedeutung von Gewalt in den Medien ist ein ernstes Thema, das allerdings nicht die Größenordnung hat, wie es die öffentliche Debatte nahelegt. Zwar stellen gewaltorientierte Spiele für eine Problemgruppe von Kindern eine Gefahr dar, aber davon, dass Computerspiele generell süchtig und aggressiv machen, kann keine Rede sein. Allerdings verstärken gewalthaltige Spiele bei ohnehin aggressiven Kindern die Aggression.[199]

Die Lieblingsspiele der Kinder verweisen auf eine Nutzung, die keineswegs gewalthaltige Inhalte in den Mittelpunkt stellt. So steht an erster Stelle das Fußballspiel FIFA, gefolgt von SUPER Mario, den Sims, SingStar, dem Rennspiel MarioKart, Pokémon,

Harry Potter und den Sportspielen auf der Wii Spielekonsole.[200]

Fragt man nach der Bedeutung der Medien für die Kindheit bleibt festzuhalten, dass es problematisch ist, die Mediennutzung der Kinder pauschal zu verurteilen oder den Prozess der Veränderungen im Kinderleben kulturpessimistisch als Verfall zu deuten. Diese Form der globalen Medienkritik durchzieht die Geschichte der Kindheit in den letzten 150 Jahren und hat sich immer wieder an den jeweils neuen Medien, etwa den Groschenromanen, dem Radio, dem Kino, dem Fernsehen, dem Comic, dem Computerspiel und dem Handy wiederholt. Auf der anderen Seite ist es keineswegs so, dass neue Medien grundsätzlich für Kinder positiv sind, vielmehr ist es nötig, die jeweils neuen Medien im Sinne des Jugendschutzes, der Medienpädagogik und einer Eröffnung von Teilhabe- und Lernchancen für alle Kinder zu gestalten.

Medien und Kindheit stellen keineswegs einen Widerspruch dar; Medien gehören vielmehr seit Ende des 18. Jahrhunderts grundsätzlich zur Gestaltung einer guten und kindgerechten Kindheit. So haben sich Pädagogen seit der Aufklärung intensiv bemüht, den Kindern Medien zur Verfügung zu stellen, die ihnen eine kindgerechte, schöne, sichere und lernorientierte Kindheit ermöglichten. Ohne die Bilderbücher, die Schulbücher, die Wandbilder und die Kinderliteratur wäre eine moderne Kindheit, die sich als Schul-, Spiel- und Familienkindheit entwickelt hat, nicht möglich gewesen. Dass sich Kindheit durch die digitalen Medien tiefgreifend verändert, steht außer Frage, dass neue

Chancen und Risiken entstehen und entstanden sind, ebenfalls. Eine gute Kindheit mit digitalen Medien ist aber eine Aufgabe, die gestaltet werden muss.

Ratgeber zum »richtigen« Umgang mit Kindern

Ratgeber boomen heutzutage, sie wollen die Hoffnung wecken, dass es für jede Lebenslage, für jedes Problem, das eine »glückliche Kindheit« gefährden könnte, machbare Lösungen gibt. Die Moderne war immer auch ein Projekt der Verbesserung und Veränderung von Kindheit und im Laufe der Geschichte der Kindheit der letzten 300 Jahre sind zahllose Ratgeber zur richtigen Erziehung entstanden. Ratgeber sind eine Form der populären Diskussion über Erziehung in der breiten Öffentlichkeit, sie wollen praktische Tipps geben, Probleme lösen und verbreiten – insgesamt gesehen – normative Bilder und Vorstellungen von Kindheit. Ratgeber, die jeweils zeitgenössische Erziehungs- und Verhaltensvorstellungen widerspiegeln[201], beschreiben keine komplexen Erziehungsabläufe oder gar empirisch überprüfbare Erziehungssituationen, sondern produzieren Narrationen. Sie sprechen die Eltern direkt an, sind in der Regel mit Bildmaterial angereichert, führen Probleme exemplarisch und anschaulich vor, lassen häufig mehr oder weniger qualifizierte Erziehungsexperten (unterschiedlichster Provenienz) zu Wort kommen, belehren und trösten, indem sie den Eindruck vermitteln, dass andere Eltern auch Erziehungsprobleme haben, die vielleicht sogar noch größer als die eigenen sind. Leserinnen und Leser können sich nicht nur Rat holen, sondern, je nach subjektiver Nähe oder Distanz zum Thema, sich auch unterhalten lassen.

Oftmals werden Erziehungsprobleme behandelt, die in der Öffentlichkeit kontrovers bewertet werden. Müssen Kinder mehr Freiheiten haben? Oder ist es nicht gerade wichtig, ihnen Grenzen zu setzen? Muss man ein Kind bedingungslos lieben? Oder ist es nicht wichtig, ihm deutlich zu sagen, was es richtig und falsch gemacht hat? Ist es wichtig, die Kinder in ihrer glücklichen Spielkindheit zu belassen? Oder muss man im Gegenteil, schon von Geburt an konsequent dafür sorgen, dass die Kinder möglichst viel lernen, damit sie später im Leben erfolgreich sind?

Allein die Vielfalt der Ratgeberliteratur lässt darauf schließen, dass Eltern und andere Erziehende verunsichert sind. Nicht zuletzt in Zeiten des Umbruchs und beschleunigten Wandels besteht ein Bedarf an Orientierung und Sicherheit. Die verständliche Suche nach Lösungen und Antworten ist indes nicht unproblematisch. Eine Erfurter Studentin berichtete in einem Seminar von Eltern, die mit einem Bündel von Erziehungsproblemen unterschiedliche Ratgeber zur Hand genommen hatten. Die in einem Buch angegebenen Lösungen sollen nicht zu anderen Ratgebern gepasst haben, was die Lösungssuche nicht vereinfachte und die Ratsuchenden recht ratlos werden ließ.

Studierende neigen oftmals dazu, unreflektiert Ratgeberliteratur zu verwenden, wenn sie sich mit päda-

Cover eines exemplarischen Erziehungsratgebers

gogischen Fragen beschäftigen. Eine quellenkritische Sicht auf diese Literaturform, die nicht die Inhalte als Tatsache wiedergibt, sondern die populären Texte in ihren Deutungen behandelt, wäre wünschenswert. Spätestens an dieser Stelle muss darauf hingewiesen werden, dass Ratgeber durchaus von fachlich ausgewiesenen Experten oder kompetenten Laien geschrieben werden können. Jedoch ist die Bandbreite groß, und ein Blick auf den Nachweis der Autorenschaft lohnt sich.

Die gute Kindheit – Anmerkungen zum Schluss

In zahlreichen Zugängen, die wir im Buch vorgestellt haben, wird deutlich, wie vielfältig, komplex und brüchig die Bedingungen gelingender Kindheit sind, selbst wenn zentrale Voraussetzungen wie Frieden, Gesundheit, sorgende Erwachsende oder ausreichende wirtschaftliche Grundlagen gesichert sind. Gute Kindheit ist nicht qua Natur vorhanden.

Gibt es die »gute Kindheit«? Ein Blick in die Geschichte des Lebens von Heranwachsenden lässt zwei Tatsachen in den Vordergrund treten: Zum einen ist Kindheit ein kulturelles und soziales Fortschrittsprojekt, das spätestens seit dem ausgehenden Mittelalter intensiv diskutiert wird. Immer wieder wird versucht, Erziehung zu reflektieren und damit auch zu verbessern; und immer wieder entstehen Überlegungen und

Ideen zur Änderung und Reform von Schule. Zum anderen ist die Kulturgeschichte von Kindheit durchzogen von zahllosen Gefährdungen, Beeinträchtigungen, Bedrohungen und Gewalterfahrungen. Die Geschichte von Kindheit ist nicht selten eine Schreckensgeschichte. Ambivalenzen und Widersprüche sind geradezu charakteristisch für den Umgang mit Kindern, und das bis in die Gegenwart.

Stets ist der Blick auf Kindheit zweigeteilt: Kindheit als soziales Phänomen beinhaltet Strukturen und Vorstellungen, während das Kindsein das gelebte Kinderleben meint. Kindheit und Kindsein gehören zusammen. Das Buch verknüpft daher zum Beispiel sozial- und wirtschaftsgeschichtliche Argumentationen, biografische, literarische und mediale Zugänge und stellt Bezüge zu aktuellen Diskursen her.

Auf der Suche nach einer guten Kindheit entfalten sich kindliche Lebenswelten, die stets mit den Welten der Erwachsenen verflochten sind. Zum Beispiel ist die Konsumkindheit, die in der Öffentlichkeit kritisch diskutiert wird, nicht ohne das konsumorientierte Leben der Erwachsenen zu verstehen. Wie ein roter Faden durch die gesamte Geschichte ziehen sich ungleiche soziale Lebenslagen, die im Problem der Kinderarmut bis heute das Leben von Kindern prägen. Hatten wir die Armut im Zusammenhang mit der frühen Textilproduktion oder auch der Herstellung von Kinderspielzeug dargestellt, so ist Kinderarmut auch zu Beginn des 21. Jahrhunderts erschreckend aktuell. Chassé spricht davon, dass die Kinderarmutsquote in Westdeutschland über 12% und in Ostdeutschland nahezu 24% beträgt. Arm zu sein, das bedeutet heute eine Einschränkung »gesellschaftlicher Teilhabe«, was die Heranwachsenden als fehlende Bildungs- und Lebenschancen tagtäglich erfahren.

Eine »gute Kindheit« bedarf einer guten Bildung. Angesichts des wichtigen Stellenwerts des Themas Schule und der Frage einer guten und gerechten Schulbildung gehen wir davon aus, dass hierzu ein eigenes Buch nötig wäre. Wir haben uns daher entschlossen, die Schule notgedrungen in unseren Ausführungen auszuklammern. Schulgeschichte war und ist stets mit Schulreform und Schulkritik verbunden. Die gute Schule, der gute Unterricht, die gute Lehrperson sind im historischen Wandel immer wieder neue Herausforderungen.

Denkt man über Kindheit in historischer Perspektive nach, so muss bedacht werden, dass die Vorstellungen über Kindheit keineswegs mit dem realen Leben der Kinder identisch sein müssen. Oftmals sind es die Ideen über Kindheit, die - von Philosophen, Pädagogen oder Medizinern vorgetragen - die Erwachsenen einer Zeit mehr beschäftigen und berühren als die Kinder selber. Trotzdem haben Texte zu Kindheit (wie Rousseau, Key, Montessori oder Korczak) auch reale Auswirkungen auf das Kindsein gehabt. Neue Formen von Kindheit sind oftmals zunächst als pädagogische Erzählung entstanden, bevor sie ihren Weg in den Alltag von Kindern gefunden haben.

Das Nachdenken über die »gute Kindheit« ist immer auch eine Konfrontation der Vorstellungen über Kindheit mit den Fakten und Erfahrungen des realen Kinderlebens. Pädagogische, theologische oder philosophische Texte sind hier sehr hilfreich, wobei Kindheitsgeschichte im Schnittfeld von Biografieforschung, Oral-History Forschung, Fotogeschichte und Familienforschung (unterschiedlicher Provenienz wie Soziologie, Pädagogik und Volkskunde/Europäische Ethnologie) die Subjekte zu Wort kommen lässt und kollektive Deutungshorizonte untersucht, die mit der sozial, ökonomisch, rechtlich und zeitgeschichtlich gerahmten und institutionell geformten Kindheit einhergehen. Auch Romane, Erzählungen, Bilder, Lieder, Märchen, Ratgeber und Zeitungsartikel können ein Einstieg sein, die unterschiedlichen historischen Diskurse über Kinder und Kindheit zu erheben, zu analysieren und zu verstehen.

Im Namen einer guten, kindorientierten Kindheit sind nicht nur wunderbare Kinderbücher und Filme, Lieder und Bilder, sondern auch oftmals Vorstellungen einer harten Disziplin und einer umfassenden pädagogischen Kontrolle der Kinder entstanden. Es stimmt nachdenklich, wenn in zahlreichen Kindheitserinnerungen, wie wir zeigen konnten, die Kinder sich vor allem dann wohl gefühlt haben, wenn keine Erwachsenen in der Nähe waren.

Die Frage nach der »guten Kindheit« ist zugleich eine Frage nach den Lebenslagen und Lebensformen von Kindern und den gesellschaftlichen Vorstellungen sowie Wertungen über Kindheit und Erziehung. Selbst Mutter- und Vaterliebe können als normative Konstrukte gelesen werden[202], die noch keine Rückschlüsse darüber zulassen, ob es sich tatsächlich um eine »gute

Kindheit« handelt, die ein Kind erlebt. Gute Kindheit ist keine Selbstverständlichkeit, sondern etwas, das Kinder und Erwachsene immer erst herstellen müssen.

Erwachsene haben dabei in der Regel einen doppelten Blick auf Kindheit. Sie sehen die Kinder, die ihnen begegnen, stets durch die Brille ihrer eigenen Kindheit und vergleichen die Kinder, die sie als Erwachsene erleben, mit der Kindheit, die sie selbst erlebt haben. Die eigene Kindheit wird oftmals als »schön« erinnert, was wir als biografisches Muster erzählter Kindheitserinnerungen behandelt haben. Die erinnerte schöne Kindheit in der Kindergruppe der 1950er-Jahre lässt sich, wenn damals sozialisierte Erwachsene heutige Kinder anschauen, in der Medien- und Konsumkindheit nicht ohne Weiteres wiederfinden. Vielfach sind Ängste vor medialer Bedrohung oder Verlustdeutungen des sozialen Wandels die Folge. Unser Zugang zu den Medien dagegen versucht darzulegen, dass gute Kindheit immer auch eine Medienkindheit ist. Kinder und Eltern müssen sich allerdings den Chancen und Risiken der (neuen) Medien stellen. Eine Kindheit kann nur gelingen, wenn im Alltag die mediatisierten Welten bewältigt werden, und zwar so, dass die Kinder gestärkt und gefördert werden. Im Sinne des Jugendschutzes darf es nicht zu einer Beeinträchtigung oder Gefährdung der Kinder kommen. In Zukunft wird eine gute Kindheit nur eine Kindheit sein, in der die Kinder kompetent und ohne Gefährdungen mit den neuen Medien umgehen können.

Mit der UN-Kinderrechtskonvention ist ein großer Schritt zur Gestaltung von guter Kindheit geleistet, auch wenn grundsätzlich zu sagen ist, dass das Alltagsleben noch vielfältige Defizite in der Umsetzung der Kinderrechte aufweist.

Die historische Sicht hat deutlich gemacht, dass jede Zeit und jede Kultur eigene Kindheiten haben, und auch heutzutage spiegelt sich der soziale und kulturelle Wandel der Gesellschaft in der Kindheit wider. Kinderleben heute findet in vielfältigsten Familienformen statt und ist dadurch gekennzeichnet, dass die Mehrzahl der Eltern ein partnerschaftliches Beziehungsmodell mit ihren Kindern leben möchten. Nicht mehr die Erwachsenen stehen mit ihren Vorstellungen über eine »gute Kindheit« im Mittelpunkt, sondern die Wünsche, Interessen und Bedürfnisse der Heranwachsenden. Kinder dürfen mitentscheiden, sie sollen gestärkt werden, wobei Selbstständigkeit, Bildung, Sozialkompetenzen und das kindliche Glück zu wichtigen Zielen in vielen Familien geworden sind.

Kinder sind heutzutage glücklich, das zeigen Glücksstudien, wenn sie draußen sind, wenn sie ungestörte Plätze aufsuchen können, wenn sie mit Freunden spielen können und mit der Familie zusammen sind. »Familie beglückt Kinder enorm, am stärksten Weihnachten, der Inbegriff von Familienglück.«[203] Oben auf der Glückskala rangieren Unternehmungen mit der Familie, die an freien Tagen erlebt werden. »Glück hat mit Bewegung zu tun, Sport, Radeln und Skaten, aber es wird auch ›in meinem Zimmer‹ erlebt, vor der Spielkonsole ebenso wie beim Lesen oder Zeichnen.«[204] Auch Fernsehen vermag Kindern Glückserlebnisse zu verschaffen.

In der ZDF-Glücksstudie wurden die Kinder selbst befragt. Die hohe Bedeutung des Weihnachtsfestes, die ermittelt werden konnte, wäre ein Thema, das mit ausführlichen Interviews näher erforscht werden sollte. Kirchliche Feste, religiöse Bindungen und grundsätzlich die Bedeutung von Ritualen in Familien auch nichtchristlicher Prägung wären hier ebenfalls zu nennen.

Eine »gute Kindheit« ist stets, wie betont, eine Sicht der Erwachsenen auf Kindheit; sie umfasst die Bilder, Vorstellungen von Kindheit, die eigenen Erinnerungen an Kindheit und die Überzeugungen, wie Kinder zu (erfolgreichen) Erwachsenen erzogen werden können. Es gibt keinen Konsens darüber, was eine gute Kindheit ist, also welche Formen des Kinderlebens wie bewertet werden sollen. Die »Kultur für Kinder«, das was Erwachsene für Kinder richtig und wichtig halten, ist keineswegs mit der »Kultur der Kinder«[205] gleichzusetzen, bei der die Kinder ihr Leben aktiv gestalten, und zwar unter den jeweiligen materiellen, sozialen und kulturellen Bedingungen sowie den Regeln, die die Erwachsenen für die Erziehung aufgestellt haben. Gerade die Kinder als Akteure machen ersichtlich, wie wichtig gute, vielfältige, kulturelle und bildende Angebote für Kinder sind. Eine gute Kindheit wird in Zukunft auch Qualitätsfragen von Angeboten etwa im Vorschul-, Schul- und Freizeitbereich berücksichtigen müssen. Auch das informelle Lernen in der Freizeit und mit Medien wird zur wichtigen Bildungserfahrung.

Kinder sollen mit ihren Stärken und Schwächen, mit möglichen Behinderungen und Grenzen, aber auch mit ihren Begabungen angenommen und gefördert werden. Sie sollen die Möglichkeit haben, sich die Welt anzueignen, dazuzugehören und das zu lernen, was sie für ihr jetziges und späteres Leben brauchen. Sie sollen ihre Neugierde entfalten dürfen und die Chance erhalten, ihren inneren Welten im Spiel und in medialer Form Ausdruck zu verleihen. Kinder sollen ernst genommen werden und ernsthaft nach ihrem Vermögen Aufgaben übernehmen dürfen. Kinder sollen Kinder sein dürfen und als solche eine Kinderkultur leben dürfen, die ihnen eine Verbeheimatung im Hier und Jetzt ermöglicht und Wege in die Zukunft eröffnet.

Anhang

Anmerkungen

1 Lindgren, Astrid: Pippi Langstrumpf, Hamburg 1967 (Original Schweden 1945), S. 1.
2 Tolstoj, Leo N., Kindheit, Frankfurt am Main, Leipzig 1991 (erst. 1852), S. 86.
3 Carossa, Hans, Eine Kindheit, Frankfurt am Main, Leipzig 1992, S. 12.
4 Bloch, Ernst, Prinzip Hoffnung, Frankfurt am Main 1959, S. 1628.
5 Vgl. Rutschky, Katharina (Hg.), Schwarze Pädagogik. Quellen zur Naturgeschichte der bürgerlichen Erziehung, Berlin 1977.
6 Borst, Arno, Lebensformen im Mittelalter, Frankfurt am Main, Berlin 1979, S. 78f.
7 Shahar, Shulamith, Kindheit im Mittelalter, Ostfildern 2003, S. 196.
8 von Strümpell, Ludwig, Die Pädagogische Pathologie oder die Lehre von den Fehlern der Kinder. Versuch einer Grundlegung für gebildete Ältern, Studierende der Pädagogik, Lehrer, sowie für Schulbehörden und Kinderärzte, Leipzig 1890, Vgl. auch Rutschky 1977, S. 140-147.
9 Herrmann, Ulrich, Die Pädagogik der Philanthropen, in: Scheuerl, Hans (Hg.), Klassiker der Pädagogik, 1. Bd., München 1979, 135-158, hier S. 135.
10 Salzmann, Christian Gotthilf, Ameisenbüchlein oder Anweisung zu einer vernünftigen Erziehung, Bad Heilbrunn 1960 [erst 1806], S. 11.
11 Ebd., S. 14.
12 Engels, Friedrich, Die Lage der arbeitenden Klasse in England, Zweite Ausgabe, Otto Wigang Leipzig 1848. (Google Books), S. 54.
13 Ebd., S. 295, S. 130, S. 143.
14 Weber-Kellermann, Ingeborg, Die Kindheit. Eine Kulturgeschichte, Frankfurt am Main 1979, S. 72.
15 Robinson, Keith, What became of the Quarry Bank Mill Apprentices? The Origins, Childhood and Adult Lives of 200 Cotton Workers, Wilmslow o.J., S. 1.

16 Brüder Grimm, Kinder- und Hausmärchen, Bd. 1, 1. Auflage, Berlin 1812. [online] http://de.wikisource.org/wiki/Kinder-_und_Haus-Märchen_Band_1_(1812) (2.7.2011). Vgl. auch zu den Veränderungen Vorwort Ingeborg Weber-Kellermann in der Inseltaschenbuch-Ausgabe: Brüder Grimm KHM 1922. Frankfurt am Main 1974.

17 Hauptmann, Gerhart, Die Weber. Schauspiel aus den vierziger Jahren, Frankfurt am Main 1902, S. 18. Das Drama von Hauptmann hat in jüngster Zeit wieder an Aktualität gewonnen und wird im Zusammenhang mit der neuen Debatte um Armut und Unterschicht zum Beispiel in der Zeit zititert. Vgl. http://www.zmag.de/artikel/Supernanny-von-der-Leyen-und-die-neue-Unterschichtsdebatte (25.6.2011).

18 Dickens, Charles, Twist, Oliver, Darmstadt 1946. Projekt Gutenberg-DE. [online]. Drittes Kapitel.

19 Vgl. Twain, Mark, Prinz und Bettelknabe, Bayreuth 1978.

20 Vgl. Boie, Kirsten, Prinz und Bottelknabe oder Das Tauschgeschäft, 2. Auflage, Frankfurt am Main 2010.

21 Malettke, Klaus, Die Bourbonen: Von Heinrich IV. bis Ludwig XIV, Stuttgart 2008, S. 63. (Ludwig war zu diesem Zeitpunkt neun Jahre.)

22 Aniol, Jessica, Erziehung und Ausbildung Ludwigs XIV. – die Vorbereitungen auf das Herrscheramt. Studienarbeit, Historisches Seminar Universität Jena 2004, S. 9.

23 Ebd.

24 Ebd.

25 Vgl. Fuhs, Burkhard, Kindheit zwischen Hoffnung und Enttäuschung. Zur Ambivalenz des Fortschritts in der Pädagogik, in: Barth, Gernot/Henseler, Joachim (Hg.), Kindheit, Eugenik, Sozialpädagogik, Baltmannsweiler 2004, S. 5-34.

26 Hinzpeter, Georg, Kaiser Wilhelm II. Eine Skizze nach der Natur gezeichnet, Bielefeld 1888.

27 Ebd., S. 5.

28 Vgl. Malettke 2008, S. 63.

29 »Wer seine Rute schont, der hasst seinen Sohn; wer ihn aber lieb hat, der züchtigt ihn beizeiten.« (Sprüche 13.24) Lutherbibel 1984.

30 Vgl. Kahl, Christian, Lehrjahre eines Kaisers – Stationen der Persönlichkeitsentwicklung Karls V. (1500-1558). Eine Betrachtung habsburgischer Fürstenerziehung/ -bildung zum Ende des Mittelalters, Trier 2008, S. 18.

31 Ebd., S. 79.

32 Ebd., S. 137.

33 Boesch, Hans, Kinderleben in der deutschen Vergangenheit. (= Monographien zur deutschen Kulturgeschichte Bd. V.), Leipzig 1900, S. 131.

34 Vgl. Key, Ellen, Das Jahrhundert des Kindes, Weinheim, Basel 1992. [Schweden 1900, deutsche Erstausgabe 1902].

35 Vgl. etwa Henry-Huthmacher, Christine/Solzbacher, Claudia (Hg.), 1900 – 2000 »Das Jahrhundert des Kindes«. Verheißungen, Realität, Herausforderungen. (= Zukunftsforum Politik. Broschürenreihe hrsg. Konrad-Adenauer-Stiftung e.V.), Nr. 28, Sankt Augustin 2001.
[online] http://www.kas.de/wf/doc/kas_178-544-1-30.pdf?040415180008 (3.7.2011).

36 Rousseau, Jean Jacques, Emile oder über die Erziehung, Paderborn 1971. [erst 1762].

37 1779 Erster Lehrstuhl in Halle.

38 Schreiber, Adele (Hg.), Das Buch vom Kinde. Ein Sammelwerk für die wichtigsten Fragen der Kindheit unter Mitarbeit hervorragender Fachleute, Leipzig, Berlin 1906/07, siehe Vorwort.

39 Ebd.

40 Vgl. Weber-Kellermann, Ingeborg, Die Kindheit. Kleidung und Wohnen, Arbeit und Spiel. Eine Kulturgeschichte, Frankfurt am Main 1979.

41 Ariès, Philippe, L'enfant et la vie familiale sous l'ancien régime, Paris 1960.

42 Das Zitat ist der Frankfurter Rundschau entnommen und findet sich unter dem Hinweis „Das Buch" vor der Titelseite der Taschenbuchausgabe. Ariès, Philippe, Geschichte der Kindheit, 4. Auflage, München 1981 [erst 1975], Klappentext.

43 Ebd., S. 209.

44 Vgl. Weber-Kellermann 1979, S. 44.

45 Mitterauer, Michael, Mittelalter, in: Gestrich, Andreas u.a.: Geschichte der Familie, Stuttgart 2003, S. 160-363, hier S. 334.

46 Ariès 1981, S. 218.

47 Vgl. [online] http://wiki-de.genealogy.net/Volljährigkeit. (3.7.2011).

48 Vgl. Shorter, Edward, Die Geburt der modernen Familie, Reinbek bei Hamburg 1977 [erst engl. 1975], S. 196.

49 Vgl. Badinter, Élisabeth, Die Mutterliebe. Die Geschichte eines Gefühls vom 17. Jahrhundert bis heute, München 1981.

50 Shorter. Familie 1977, S. 197.

51 Ariès. Kindheit 1975, S. 209.

52 LeRoy Ladurie, Emanuel, Montaillou. Ein Dorf vor dem Inquisitor 1294 bis 1324, Frankfurt/M. 1983, S. 232.

53 Ebd.

54 di Boccacio, Giovanni, Das Dekameron, Bd. 2., Leipzig 1912, S. 3-11.

55 Ebd.

56 Ebd.

57 Ebd.

58 Ladurie, LeRoy 1983, S. 232

59 Montaigne, Michel de, Essais, Frankfurt am Main 1998, S. 191.

60 Vgl. Lloyd de Mause (Hg.), Hört ihr die Kinder weinen, Eine psychogenetische Geschichte der Kindheit, Frankfurt am Main 1977.

61 Vgl. Ariès 1977, 564.

62 Vgl. Gestrich, Andreas/Krause, Jens-Uwe/Mitterauer, Michael, Geschichte der Familie, Stuttgart 2003, S. 408.

63 Shahar 2003, S. 278.

64 Vgl. ebd., S. 278.

65 Weber-Kellermann 1979, S. 73f.

66 Boesch 1900, S. 57. Vgl. Weber-Kellermann, Kindheit 1979, S. 74.

67 Es handelt sich hier um einen Reichstag, den Karl V. einberufen haben muss. 1550 fand der Reichstag in Augsburg statt. Vgl. http://www.historischekommission-muenchen.de/seiten/RTA_Juengere_Reihe.pdf.

68 Rocken = stabförmiges Gerät für unversponnene Fasern.

69 Boesch 1900, S. 57.

70 Weber-Kellermann 1979, S. 71.

71 Vorwort, in: Ariès 1981, S. 10.

72 Vgl. zum Konzept einer praktischen Einführung von Kindern in die bäuerliche Arbeitswelt: Becker, Siegfried, Arbeit und Gerät als Zeichensetzung bäuerlicher Familienstrukturen. Zur Stellung der Kinder im Sozialgefüge landwirtschaftlicher Betriebe des hessischen Hinterlandes zu Beginn des 20. Jahrhunderts, Marburg 1985. (Diss.).

73 Vgl. Weber-Kellermann, Ingeborg, Die deutsche Familie. Versuch einer Sozialgeschichte, Frankfurt am Main 1981, S. 15.

74 Vgl. Mitterauer 2003, S. 267.

75 Ebd., S. 358.

76 Vgl. Gestrich, Andreas, Neuzeit, in: Gestrich, Andreas u.a.: Geschichte der Familie, Stuttgart 2003, S. 364-652, hier S. 388.

77 Vgl. ebd., S. 389.

78 Vgl. Lenz, Karl/Böhnisch, Lothar, Zugänge zu Familien – ein Grundlagentext, in: Böhnisch/Lenz (Hg.), Familien. Eine interdisziplinäre Einführung, Weinheim, München 1997, S. 9-63.

79 Brake, Anna/Büchner, Peter, Großeltern in Familie, in: Ecarius, Jutta (Hg.), Handbuch Familie, Wiesbaden 2007, S. 199-219, hier S. 206.

80 Weber-Kellermann 1979, S. 41.

81 Vgl. ebd., S. 26, 37.

82 Vgl. ebd., S. 40.

83 Vgl. Boesch 1900, S. 40.

84 Shahar 2003, S. 166.

85 Ebd.

86 Vgl. Gestrich u.a. 2003, S. 567.

87 Ebd.

88 Ebd.

89 Vgl. Dunn, Patrick P., »Der Feind ist das Kind«. Kindheit im zaristischen Rußland, in: Lloyd de Mause (Hg.), Hört ihr die Kinder weinen. Eine psychogenetische Geschichte der Kindheit, Frankfurt am Main 1977, S. 535-564, hier S. 537.

90 Vasold, Manfred, Das große Sterben hinter der Front. Vor 125 Jahren, zur Zeit der Reichsgründung, wütete die letzte schwere Pockenepidemie in Deutschland, in: 08/11 1996, DIE ZEIT. [online]. http://pdf.zeit.de/1996/46/ Das_grosse_Sterben_hinter_der_Front.pdf (7.7.2011).

91 Ebd.

92 Behnken, Imbke, Urbane Spiel- und Straßenwelten. Zeitzeugen und Dokumente über Kindheit am Anfang des 20. Jahrhunderts, Weinheim u.a. 2006, S. 68.

93 Zinnecker, Jürgen, Stadtkids. Kinderleben zwischen Straße und Schule, Weinheim u.a. 2001, S. 36.

94 Behnken 2006, S. 59.

95 Löbe, Paul, Der Weg war lang. Lebenserinnerungen, Berlin 1954, 1954, S. 8.

96 Ebd., S. 9.

97 Muchow, Martha/Muchow, Hans-Heinrich, Der Lebensraum des Großstadtkindes, Hg. u. eingeleitet v. Zinnecker, Jürgen, Weinheim u.a. 1998, S. 111.

98 Renonciat, Anni, Das Kinderzimmer, in: Haupt, Heinz-Gerhard (Hg.), Orte des Alltags. Miniaturen aus der europäischen Kulturgeschichte, München 1994, S. 150-160 hier S. 153 f.

99 Ebd., S. 157.

100 Weber-Kellermann, Ingeborg, Die Kinderstube, Frankfurt am Main, Leipzig 1991, S. 24.

101 Weber-Kellermann 1991, S. 24 f.

102 Berg, Christa, Erinnerte Kindheit im Raum. Bürgerkindheiten und Arbeiterkindheiten, in: Behnken, Imbke/Zinnecker, Jürgen (Hg.), Kinder, Kindheit, Lebensgeschichte. Ein Handbuch, Seelze-Velber 2001, S. 912-935, hier S. 919.

103 Ebd.

104 Weber-Kellermann 1991, S. 26f.

105 Hartlaub, Geno, Sprung über den Schatten. Orte, Menschen, Jahre. Erinnerungen und Erfahrungen, München 1984.

106 Weber-Kellermann 1991, S. 110.

107 Vgl. Behnken 2006.

108 Vgl. Löbe 1954, S. 13.

109 Hahn, Renate/Hahn, Otto (Hg.), Sonneberger Spielzeug – Made in Judenbach. 300 Jahre Spielzeugherstellung an der alten Handelsstraße, Münster u.a. 2010, S. 85, 93.

110 Ebd.

111 Weber-Kellermann 1991, S. 36.

112 Behnken 2006, S. 89.

113 Herr Scheerer zit. in Behnken 2006, S. 104.

114 Frau Arlt, 1910 geb., zit. n. Buchner, Jutta/Fuhs, Burkhard, Lilie und Läusekamm. Naturbegegnung in Wiesbaden. Kindheitserinnerungen der Generation 1885-1915, Wiesbaden 1987, (unveröffentl. Manuskript), S. 404.

115 Frau Herbst, 1899 geb., ebd., S. 405.

116 Herr Lasker, 1910 geb., ebd., S. 408.

117 Ebd., S. 99.

118 Ebd., S. 419.

119 Frau Baumgärtner, 1904 geb., ebd., S. 359.

120 Ebd., S. 367.

121 Ebd., S. 158.

122 Die Generation der Kriegskinder und ihre Botschaft für Europa sechzig Jahre nach Kriegsende. Tagung Frankfurt 14.04.2005-16.04.2005. Ewers, Hans-Heino/Fooken, Insa/Heuft, Gereon/Radebold, Hartmut/Reulecke, Jürgen/Zinnecker, Jürgen. [online] H-Soz-u-Kult (May, 2005). http://www.h-net.org/reviews/showrev.php?id=27768 (30.7.2011).

123 Ebd.

124 Zinnecker, Jürgen, Erfahrungsräume von Kriegskindheiten, in: Ewers, Hans-Heino u.a. (Hg.), Erinnerungen an Kriegskindheiten. Erfahrungsräume, Erinnerungskultur unter sozial- und kulturwissenschaftlicher Perspektive, Weinheim, München 2006, S. 11-17, hier S. 14.

125 Jamin, Mathilde, Kindheitserinnerungen an den Bombenkrieg, in: Ewers, Hans-Heino u.a. (Hg.), Erinnerungen an Kriegskindheiten. Erfahrungsräume, Erinnerungskultur unter sozial- und kulturwissenschaftlicher Perspektive, Weinheim, München 2006, S. 19-29, hier S. 22.

126 Ebd.

127 Ebd., S. 23.

128 Kurzfilm Deutschland 2007. Regie: Jochen Alexander Freydank.

129 Kindler, Erika u.a. [online] http://www.realschule-erding.de/index.php?option=com_content&view=article&id=309:erinnern-allein-tutas-nicht&catid=39:neuigkeiten&Itemid=59 (9.11.2011).

130 UNICEF. Aktion Kinder im Krieg. [online]. http://www.unicef.de/aktionen/kinder-im-krieg/ (07.07.2011).

131 http://www.unicef.de/presse/pm/2010/weihnachtsaktion/ (07.07.2011).

132 Ebd.

133 Lanfranchi, Andrea, Kriegstraumatisierte Kinder – Berlin EFTA-Kongress 2004 [online]. http://www.systemmagazin.de/bibliothek/texte/lanfranchi_KriegstraumaKinder.pdf (30.7.2011).
134 http://www.bpb.de/themen/0Q500Q,0,0,Kinder_sehen_Krieg.html.
135 Vgl. Preuss-Lausitz, Ulf u.a., Kriegskinder, Konsumkinder, Krisenkinder. Die Sozialisationsgeschichte seit dem Zweiten Weltkrieg, Weinheim u.a. 1983.
136 Vgl. Fuhs, Burkhard, Kinderwelten aus Elternsicht, Opladen 1999, S. 194.
137 Vgl. Büttner, Christian, Kinder und Krieg. Zum pädagogischen Umgang mit Haß und Feindseligkeit, Mainz 1991.
138 Vgl. Richter, Karin/Jahn, Leonore, Griechische Mythen in der Grundschule. Der Trojanische Krieg und die Irrfahrten des Odysseus. Modelle und Materialien für den Literaturunterricht (Klasse 3 bis 6), Hohengehren 2008.
139 Vgl. Richter, Karin/Plath, Monika, ›Holocaust‹ in Bildgeschichten: mit einem Vorwort von Mirjam Pressler und dem Oscar-prämierten Kurzfilm »Spielzeugland«. Modelle und Materialien für den Literaturunterricht (Klasse 4 bis Klasse 7), Hohengehren 2009.
140 Buchner-Fuhs, Jutta (Hg.), Zeitreise in die Kindheit. Erinnerungen an die Fünfziger- und Sechzigerjahre aus Thüringen (= Thüringer Hefte für Volkskunde, 18), Jena, Erfurt 2010.
141 Hildenbrandt, Anja, Pioniere – Freizeit – Ferienlager, in: ebd., S. 85.
142 Buchner-Fuhs, Jutta, Technik und Geschlecht in ländlichen Lebensverhältnissen. Zur Dinggeschichte der fünfziger und sechziger Jahre in Erinnerungserzählungen. Hamburg 2004 (= Mschr. Habilitationsschrift).
143 Grunert, Cathleen/Krüger, Heinz-Hermann, Kindheit und Kindheitsforschung in Deutschland, Opladen 2006, S. 141.
144 Vgl. Fuhs, Burkhard, Kinderwelten aus Elternsicht. Zur Modernisierung von Kindheit, Opladen 1999, Buchner-Fuhs, Zeitreise, 2010.
145 Vgl. hierzu Grunert/Krüger, Kindheit. 2006, S. 139-141.
146 Kirchhöfer, Dieter, Kindheit in der DDR. Widersprüche einer spezifischen Moderne, in: ders. u.a. (Hg.), Kindheit in der DDR. Die gegenwärtige Vergangenheit, Frankfurt am Main 2003, S. 35-48, hier S. 40.

147 Zitate aus Erhebungen des Lehrforschungsprojekts vgl. Buchner-Fuhs, Zeitreise, 2010.

148 Zinnecker, Jürgen, Politik, Parteien, Nationalsozialismus, in: Jugendwerk der Deutschen Shell (Hg.), Jugendliche und Erwachsene, 85 Generationen im Vergleich. Bd. 3 Jugend der fünfziger Jahre – heute, Opladen 1985, S. 331-408, hier S. 257f.

149 Grunert/Krüger, Kindheit, 2006, S. 142.

150 Zit. in: Jamin, Mathilde/Kerner, Frank, Maikäfer flieg .... Kindheitserfahrungen 1940-1960 [Ausstellungskatalog Ruhrlandmuseum Essen], Bottroop-Essen 2001, S. 131.

151 Ebd.

152 Vgl. Fuhs, Kinderwelten, 1999.

153 Ebd.

154 Nachweise ebd. S. 136-138.

155 Vgl. Buchner-Fuhs, Zeitreise, 2010, S. 182-184.

156 Grunert/Krüger, Kindheit, 2006, S. 141.

157 Gudjons, Herbert, Pädagogisches Grundwissen. Überblick, Kompendium, Studienbuch, 2. Auflage, Bad Heilbrunn 1994, S. 97.

158 Vgl. Baader, Meike, 1968 und die Erziehung, in: Schaffrik, Tobias/Wienges, Sebastian (Hg.), 68er-Spätlese – was bleibt von 68? Münster 2008, [online] http://www.uni-hildesheim.de/media/fb1/erziehungswissenschaft_allg/ PDFs/1968_und_die_Erziehung.pdf (16.9.2011).

159 Kühn, Axel D., A.S. Neill und Summerhill. Eine Rezeptions- und Wirkungsanalyse, Tübingen 2002 [online]

160 Emnid 1973 zit. nach Zinnecker, Jürgen 1985 (Shell-Studie 1985, Bd. 3), S. 222.

161 Ebd.

162 Ecarius, Jutta, Familienerziehung, in: dies. (Hg.), Handbuch Familie. Wiesbaden 2007, S. 137-156, hier S. 138.

163 Baumrind, D., Effects of Authoritative Parental Control on Child Behavior, Child Development, 37(4) (1966), S. 887-907.

164 Nachweise dieser und der folgenden Untersuchung finden sich bei Zinnecker, Jürgen 1985 (Shell-Studie 1985 Bd. 3), S. 224 und 230.

165 Ebd.

166 Peuckert, Rüdiger, Zur aktuellen Lage der Familie, in: Ecarius, Jutta (Hg.), Handbuch Familie, Wiesbaden 2007, S. 36-56, hier S. 43.

167 UNICEF 2006 [online]. http://www.unicef.de/presse/pm/2006/schlaege-die-niemand-sieht/ (8.11.2011).

168 Hacke, Axel/di Lorenzo, Giovanni, Wofür stehst du? Was in unserem Leben wichtig ist – eine Suche, Köln 2010, S. 156.

169 Hafeneger, Benno, Strafen, prügeln, missbrauchen. Gewalt in der Pädagogik, Frankfurt am Main 2011, S. 83.

170 Ebd.

171 UNICEF 2010 [online] http://www.unicef.de/presse/pm/2010/nulltoleranz-bei-sexuellem-missbrauch/ (9.9.2011).

172 Vgl. Hartwig, Luise/Hensen, Gregor, Sexueller Missbrauch und Jugendhilfe, München 2003, S. 39.

173 Krüger, Andreas, Oberarzt der Trauma-Ambulanz der Kinderpsychosomatik am Universitätsklinikum Hamburg-Eppendorf – [online] http://www.stern.de/wissen/mensch/sexueller-missbrauch-eine-narbe-wird-immer-bleiben-643769.html (10.9.2011).

174 Schiftan 1988, S. 19 zit. nach Gloor, Regula/Pfister, Thomas, Kindheit im Schatten. Ausmaß, Hintergründe und Abgrenzung sexueller Ausbeutung, Bern 1996, S. 87.

175 Bergmann 2011 [online] http://www.beauftragte-missbrauch.de/course/view.php?id=116 (8.9.2011).

176 Bergmann. Zusammenfassung Abschlussbericht 2011 [online] http://www.beauftragte-missbrauch.de/ file.php/ 30/110524_ Zusammenfassung_Abschlussbericht.pdf (8.9.2011).

177 DJI 2011. Forschungsprojekt »Sexuelle Gewalt gegen Mädchen und Jungen in Institutionen« am Deutschen Jugendinstitut e. V. [online] http://www.beauftragte-missbrauch.de/course/view.php?id=31 (8.9.2011).

178 Ebd.

179 Bussmann, Kai-D., Gewalt in der Familie, in: Ecarius, Jutta (Hg.), Handbuch Familie, Wiesbaden 2007, S. 637-652, hier S. 641.

180 Ebd.

181 Postman, Neil, Das Verschwinden der Kindheit, Frankfurt am Main 2009 [erst 1983].

182 Vgl. Theunert, Helga/Lenssen, Margit/Schorb, Bernd, »Wir gucken besser fern als ihr!« Fernsehen für Kinder, München 1995.

183 KIM 2010. Fernsehen. [online] www.mpfs.de

184 Vgl. Theunert, Helga (Hg.), Medienkinder von Geburt an. Medienaneignung in den ersten sechs Lebensjahren, München 2007.

185 Spitzer, Manfred, Vorsicht Bildschirm, 7. Auflage, München 2011.

186 Vgl. Kuchenbuch, Katharina, Die Fernsehnutzung von Kindern aus verschiedenen Herkunftsmilieus. Eine Analyse anhand des Sinus-Milieu-Modells, in: Media Perspektiven, 2003/1, S. 2-11. [online] www.media-perspektiven.de (29.7.2011).

187 Vgl. Soziokulturelle Milieus – wie sich soziale Unterschiede auswirken. [online] http://www.flimmo-fachportal.de/index.php?page=2&statID=41 &navID=163. (29.7.2011).

188 Vgl. www.flimmo.de/; http://schau-hin.info/; http://www.jugendschutz.net/ (29.7.2011).

189 Vgl. www.erfurter-netcode.de/; www.fragfinn.de ; www.ein-netz-fuer-kinder.de; http://seitenstark.de ; Computerspielschule Leipzig (http://www.uni-leipzig.de/~compsp/Csl/).

190 Vgl. Fuhs, Burkhard/Lampert, Claudia/Rosenstock, Roland (Hg.), Mit der Welt vernetzt, München 2010.

191 KIM 2010, Medienausstattung. - Die KIM-Studien sind online verfügbar. Vgl. auch im Folgenden: KIM-Studie 1999-2010. Medienpädagogischer Forschungsverbund Südwest [online] www.mpfs.de

192 Vgl. Mediendaten Südwest [online]. http://www.mediendaten.de/index. php?id=fernsehen-sehdauer-d0 (29.7.2011).

193 KIM 2010, Freizeitaktivitäten.

194 Vgl. KIM 2008, Medienklima im Elternhaus.

195 Vgl. KIM 2010, Medien in der Familie.

196 Vgl. Theunert, Helga/Schorb, Bernd (Hg.), Begleiter der Kindheit. Zeichentrick und die Rezeption durch Kinder, München 1996.

197 Vgl. KIM 2010, Zusammenfassung.

198 KIM 2010, Probleme im Internet.

199 Vgl. Salisch, Maria von/Kristen, Astrid/Oppl, Caroline, Computerspiele mit und ohne Gewalt. Auswahl und Wirkung bei Kindern, Stuttgart 2007, S. 148.

200 Vgl. KIM 2010, Liebste Computerspiele 2010.

201 Vgl. Schmid, Michaela, Erziehungsratgeber und Erziehungswissenschaft, Bad Heilbrunn 2011, S. 16. Vgl. Höffer-Mehlmer, Markus, Elternratgeber. Zur Geschichte eines Genres, Baltmannsweiler 2003.

202 Vgl. Schütze, Yvonne, Wandel der Mutterrolle – Wandel der Familienkindheit, in: Herlth, Alois u.a. (Hg.), Spannungsfeld Familienkindheit. Neue Anforderungen, Risiken und Chancen, Opladen 2000, S. 92-105.

203 Bucher, Anton, Was Kinder glücklich macht? Eine glückspsychologische Studie des ZDF, in: Schächter, Markus (Hg.). Wunschlos glücklich? Konzepte und Rahmenbedingungen einer glücklichen Kindheit, Baden-Baden 2009, S. 94-195, hier S. 113.

204 Ebd., S. 122.

205 Vgl. Bausinger, Hermann, Kultur für Kinder - Kultur der Kinder, in: Köstlin, Konrad (Hg.), Kinderkultur. 25. Deutscher Volkskundekongreß in Bremen vom 7. bis 12. Oktober 1985, Bremen 1987, S. 11-18.

Abbildungsverzeichnis